U0938728

国家社会科学基金、山西财经大学科研基金资助

人力资本差异与收入分配差距

焦斌龙　等著

2011年·北京

图书在版编目(CIP)数据

人力资本差异与收入分配差距/焦斌龙等著. —北京：商务印书馆，2011
ISBN 978-7-100-08692-9

Ⅰ. ①人… Ⅱ. ①焦… Ⅲ. ①人力资本—关系—收入差距—研究—中国 Ⅳ. ①F249.21 ②F124.7

中国版本图书馆 CIP 数据核字(2011)第 215569 号

国家社会科学基金、山西财经大学科研基金资助

人力资本差异与收入分配差距
焦斌龙 等著

商 务 印 书 馆 出 版
(北京王府井大街36号 邮政编码 100710)
商 务 印 书 馆 发 行
北京瑞古冠中印刷厂印刷
ISBN 978-7-100-08692-9

2011 年 12 月第 1 版　　开本 850×1168 1/32
2011 年 12 月北京第 1 次印刷　　印张 7⅞
定价：18.00 元

前　　言

居民收入差距扩大已经成为社会各界关注的焦点，成为我国改革过程中面临的最突出问题之一，阻碍了我国经济社会发展进程。依靠人力资本获取收入是我国居民目前主要的收入来源，因此，深入研究人力资本在我国居民收入差距扩大中的作用，对于我们采取有效措施缩小我国居民收入差距、缓解社会矛盾、全面推进小康社会建设具有重要的现实意义和理论意义。

本书是在国家社会科学基金课题《当前人力资本的作用与部分社会成员收入分配差距扩大研究》(项目编号：06CJY010)研究报告的基础上扩充修改完成的。在充分评述国内外收入差距研究成果的基础上，本书首先运用基尼系数、泰尔指数等方法对我国居民收入差距进行具体测算，运用夏洛克斯(Shorrocks)分解法对我国居民收入差距进行分解，明确了人力资本在居民收入差距形成中的作用。进一步，分析人力资本作用于居民收入分配的内在机理，提出存量效应和结构效应这一分析框架，以此为依托构建基于人力资本的收入分配模型，完成研究的理论准备。在此基础上运用永续盘存方法对我国包括教育、卫生、在职培训、迁移和科研在内的整体人力资本存量和我国人力资本的投资结构、分布结构进行全面测算；基于测算结果和人力资本的收入分配模型，对我国人力资本对收入差距的存量效应和结构效应进行了全面的实证研究，并对我国居民收入差距中最为突出的城乡收入差距、行业收入差距、地区收入差距进行了实证研究；最后结合我国的改革实际，进一步剖析实证研究结果，对相关改革措施和政策提出了评价和建议。

本书提出以下观点：①人力资本及其不平等是影响我国居民收入差距的一个重要因素。造成我国居民收入差距扩大的原因既有体制、机制方面的原因，也有政策、经济发展阶段等方面的原因。我们认为，就目前而言，人力资本是其中一个重要原因。②人力资本与居民收入分配之间存在一条倒 U 型曲线，我国目前处于倒 U 型曲线的左边。③人力资本通过存量效应和结构效应对我国居民收入分配产生作用。④加大人力资本投资、提高人力资本平等化质量、改革初次分配制度和所有制改革是缩小我国居民收入差距的重要途径。

与国内外同类著作相比，本书可能的创新在于：①在总结前人研究基础上，运用最新的数据，对包括教育、卫生、培训、科研和迁移在内的我国人力资本存量进行了系统的测算，这一测算修订和改进了其他人的测算结果，是最新的测算。②首次研究了包括教育、卫生、培训、科研、迁移在内的人力资本对我国居民收入差距的影响。这一研究弥补了国内外相关研究的不足，系统全面地考察了人力资本对居民收入差距的影响，使我们对人力资本在居民收入分配中作用的认识更加全面和深入。③首次提出了人力资本对居民收入分配的存量效应和结构效应。这一研究一方面弥补了现有研究只注重人力资本存量（主要是教育和卫生）而忽视人力资本结构的不足，另一方面给出了一个比较全面、系统的人力资本对居民收入分配的作用机制，为进一步的研究提供了一个较好的分析框架。

课题于2006年立项以来，在我的带领下，课题组迅速开展课题研究工作，历时近四年完成了研究报告。在研究过程中，课题组建立了定期讨论制度，先后召开了35次讨论会，就课题研究过程中遇到的问题进行讨论，并邀请本专业和相关专业的专家举办了多次专家咨询和研讨会议。课题组组织到北京、广州、西安、浙江、江苏、上海、四川、吉林以及山西省进行了调研，并参与了山西省人力资源和社会保障厅对最低工资标准和工资指导线的制定、山西省统计局经济数据普查等工作，这些工作为课题的研究打下了比较扎实的基础。课题于2010年5月提交鉴定，2011年3月正式接到结项证书，鉴定结论为良好。在课题鉴定过程中，匿名专家提出了很好的修改建议，我们根据意见进行了修改，形成了本书。

尽管专家给予课题较高的评价，但我们深知研究还存在许多不足，如由于数据的限制，我们难以测算出整体的人力资本基尼系数，而是采用教育基尼系数和卫生基尼系数来代表人力资本基尼系数，这种处理虽然基本上可以反映人力资本整体的平等化程度，但是不够精确；我们提出了人力资本对居民收入分配的存量效应和结构效应，但对结构效应中的投资结构效应没有进行验证；没有对存量效应和结构效应的相互作用进行更深入的讨论等，对于这些不足，我们将在以后的研究中进一步深化。

在课题研究和本书写作过程中，我的导师卫兴华教授、冯学标教授给予了持续的指导，研究团队全体同仁共同努力，精诚合作。冯梅、焦志明、李淑赟、郎永清、闫永琴分别参与了第2、4、1章的写作，苏丽琴、刘维奇参与了课题的讨论、调研与资料收集，王鹏承担了数据整理工作。同时本书得到了国家社科基金、山西财经大学科研基金的资助，在出版过程中得到了商务印书馆的大力支持和帮助，在此一并表示感谢！

焦斌龙

2011 年 4 月于太原

目　录

1 导论

“不患寡而患不均”，春秋时期伟大思想家孔子就在《论语·季氏》中用这句话表达了中华儿女对公平的强烈愿望。然而，改革开放三十多年以来，我国在取得举世瞩目的成就的同时，居民收入差距持续拉大，基尼系数由1981年的0.278上升至2007年的0.485，已经远远超过国际警戒线。尽管林燕平（2001），顾海兵（2002），黄仁伟、权衡（2006）等学者对基尼系数在我国的适用性提出质疑，但一个不争的事实是我国居民收入差距已经很大，收入差距已经成为影响我国社会发展的重大问题，同时也是大家关注的焦点。对此，理论界展开了广泛而深入的研究，蔡昉、杨涛（2000），林光彬（2004），陆铭、陈钊（2004）等学者认为我国收入差距拉大是由经济体制改革带来的，张红宇（2004），田新民、王少国、杨永恒（2009）等学者则认为是我国的二元体制造成的，林毅夫、刘培林（2003）认为是我国的发展战略和优惠政策造成的，等等。随着研究的逐步深入，人力资本作为直接决定劳动者劳动能力的根本因素，其在我国居民收入差距形成中的作用受到理论界的关注（李实、李文彬1994，诸建芳1995，赖德胜1997、2000，张车伟2003，魏众2004，白雪梅2004，杨建芳等2006，邹薇2007，王培刚2005），但无论是研究的深度还是研究的系统性均显不足。本章将在对国内外人力资本与收入分配相关理论进行评述的基础上阐述本书的研究角度和思路。

1.1 国内外人力资本与收入分配关系研究述评

人是财富的创造者，人的能力是收入的决定性因素。尽管早在古希腊时期柏拉图就有了最原始的人力资本思想，然而，长期以来，受人们对物质财富的追求和将人视为资本带来的道德压力的影响，人力资本概念不能够被经济学界承认。在以"致用"为己任的主流经济学中，人被人的劳动所取代，与作为人的劳动成果的物质代表——资本成为对立的两极。斯密是第一个将人力视作资本的经济学家，他和屠能、马歇尔被舒尔茨称为"那些把人视为资本的少数人中的三位杰出人物"。[①] 费雪最先提出人力资本概念，舒尔茨于 1960 年在美国经济学年会上阐述"人力资本理论"，则成为现代人力资本理论诞生的标志。自此，人力资本开始受到经济学界的重视，并在收入分配、经济增长、企业理论等领域得到快速发展。特别是，人力资本对收入分配的影响成为近年来国内外学术界研究的热点。

1. 人力资本与收入分配理论的思想溯源

人力资本与收入分配关系的思想可追溯到古希腊思想家柏拉图的《理想国》，在此书中，柏拉图论述了教育和训练的经济价值，

① 〔美〕舒尔茨：《论人力资本投资》，吴珠华等译，北京经济学院出版社 1990 年版，第 26 页。

并认为基础教育可以发展人的先天能力，进而决定人的阶层。[①] 亚里士多德和阿奎那也认识到在社会中教育的经济作用和国家维持教育以确保公共福利的重要性。但在他们看来，教育仍然是消费品，其经济作用也是间接的。[②]

英国古典经济学家配第在 1691 年就提出“劳动是财富之父”，“一个人，如果技艺高超，可以和许多人抗衡；有的人，由于他有技艺，一个人就能够做许多没有本领的人所能做的工作”。[③] 他认为人的“技艺”是除土地、物力资本和劳动力以外的第四个特别重要的要素，并从人的劳动使人力的货币价值生息这一假设出发，对英国当时“有生命的资本”的货币价值进行了估算。但是，他并没有将人力看作资本。

斯密、屠能、马歇尔是被舒尔茨称为“那些把人视为资本”的少数人中的三位杰出人物。亚当·斯密在《国民财富的性质和原因的研究》中，明确地论述了知识作为投资结果的思想，并将所有社会成员“后天获得的有用才能”作为固定资本的一部分。他指出：“这些才能，对于他个人自然是财产的一部分，对于他所属的社会，也是财产的一部分。……学习的时候，固然要花一笔费用。但这种费用，可以得到偿还，并赚取利润。”[④]屠能（H. Von. Thunen）认为：受过更高教育的人在同样的原材料、商品装备条件下，能比没

① 转引自朱国宏：《人口质量的经济分析》，上海三联书店 1994 年版，第 46 页。

② 参见朱国宏：《人口质量的经济分析》，上海三联书店 1994 年版。

③ 转引自王亚楠：《资产阶级古典政治经济学选辑》，商务印书馆 1979 年版，第 258 页。

④ 〔英〕亚当·斯密：《国民财富的性质和原因的研究》，郭大力、王亚楠译，商务印书馆 1972 年版，第 28 页。

有受过教育的人创造更多的收入。所不同的是，他比斯密进了一步，主张将资本概念应用于人，并认为这不会贬低人格，也不会有损于人的自由和尊严。[①] 马歇尔则更明确地指出：所有资本中最有价值的是对人本身的投资。他把对人投资看作在学校教育和家庭培养上的总投资，认为这种投资具有经济价值，并且认为对孩子的抚养和早期教育方面的投资具有经济效应，这种效应相当于"人力资本的代际效应"。

1906年，费雪在《资本的性质和收入》一书中首次提出人力资本概念，并将其纳入经济分析的理论框架中。沃尔什在其基础上，试图测定通过正规教育途径对人进行投资的收益率[②]，从而成为第一个运用人力资本概念进行经济分析的经济学家。他设想教育和农业耕作一样能够获得收益，教育的投资成本包括投资费用，也包括学生就学时放弃的收入，因为只有放弃就业机会才能继续接受教育。由此可见，沃尔什已经注意到人力资本研究中一度被忽视的教育的机会成本。

马克思将资本与劳动视为对立的两极，并且将劳动者置于其理论的中心位置，特别强调劳动者的能动性和劳动者素质对生产力的决定性作用和在财富与价值创造中的作用，高度重视教育、培训的价值。但是，马克思强调社会阶级分析和制度分析，在他看来，资本不仅仅是一种要素，更是一种生产关系，所以他不可能承

---

① Thunen, H. Von, "Costs of Educations as Formation of Productive Capital", in Bowman, M. J. et al., *Reading in the Economics of Educations*, *Paris*, p. 393.

② Walsh, J. R. "Capital Concept Applied to Man", *Quarterly Journal of Economics*, Vol. 49(2), 1935, pp. 255-285.

认人力资本的概念。

2. 早期人力资本与收入分配理论述评

早期学者们已经关注到人力资本对收入分配的影响，其思想是深刻的，但系统的研究开始于20世纪60年代。舒尔茨在美国经济学会发表关于人力资本理论的演讲，标志着现代人力资本理论的诞生。

舒尔茨(1960、1963)认为，人力资本的改善是减少个人收入分配不平等的基本因素，因为工资的差别主要是由于所受教育的差别引起的，教育能够提高工人获取收入的能力，从而一方面随教育水平的提高会使因受教育不同而产生的相对收入差异缩小，另一方面随人力资本的较快增长，国民收入中源于知识、技能等因素的份额相对上升，源于财产等其他因素的份额相应下降，从而在一定程度上弥补了因为财产、政策、歧视等因素所带来的不平等影响，使社会各阶层收入趋于“均等化”。

明塞尔(Mincer，1957、1958、1974)是从人力资本角度研究收入不平等的先驱[①]，他最早建立了从人力资本角度分析和研究收入不平等的模型，将人力资本作为劳动收入分配和工资结构的决定因素(一个人的工资与他的人力资本存量规模成正比)，提出了著名的明塞尔收入函数，说明了教育、工作经验和劳动收入的关系，认为工资收入差异的33%能够通过接受正规教育程度的差异

① 如单纯从文献发表的时间来看，明塞尔对人力资本的研究早于舒尔茨和贝克尔，但该理论的创始人却通常被认为是后者。〔英〕马克·布劳：《20世纪的百名经济学巨匠》，吴雅杰等译，中国经济出版社1992年版，第201页。

来解释，且教育程度越高，离开学校后的人力资本投资与获得收入的弹性也就越高。因此，教育人力资本存量不仅是产生个人收入差异的直接原因，也具有影响收入的外延效应。明塞尔函数为全面系统地考察人力资本与收入之间的关系提供了重要的理论和经验分析基础，成为后来研究者们进行计量研究时经常采用的经典函数。

贝克尔(1975)将新古典经济学的基本工具应用于人力资本投资分析，提出了人力资本投资—收益模型，深入分析了教育培训的支出和收入、年龄—收入曲线、收益率计算方法等问题，发现了收入与人力资本之间的对应关系：人力资本投资使年龄—收入曲线更倾斜和更凹，使年龄—财产曲线的斜率提高。因此，随年龄的增长，收入一般都是按递减的比率增长，但增长率和减少率都与人力资本水平呈同方向变动关系；失业率一般与人力资本水平有反方向变动的关系。发达国家企业雇员因人力资本水平高，流动性比较强，年轻人比老年人更频繁地改变工作。所以，能力只能解释较小部分收入差别，而高等教育(人力资本)可以解释大部分收入差别。

舒尔茨、明塞尔、贝克尔等人力资本理论创始人对人力资本与收入分配关系的研究开创了此领域研究的先河，也为后来的研究奠定了基础，在他们之后，一大批学者开展了对此问题的持续深入的研究。由于学者们研究的焦点多集中于教育对收入分配的影响，部分涉及人力资本的其他部分——健康、培训、迁移等对收入分配的影响，在下文中，笔者将分两个部分对国内外相关文献进行评述。

3. 教育扩展、教育分配与收入分配

(1) 教育扩展与收入分配

对于教育扩展与收入分配的关系，国内外学者的研究争议较大，基本形成了三种观点。

第一种观点：教育扩展的平等论

持此观点的学者认为，教育扩展过程中，教育成就的提高与收入分配是一种线性关系，教育成就的提高将会减少收入的不平等，改善收入分配状况。

阿德尔曼和莫里斯(Adelman and Morris, 1973)使用中等教育入学率和高等教育入学率的加权平均数来衡量教育扩展水平，选取了43个国家作为样本进行跨国实证研究，发现教育成就的提高对收入最低的40%和60%人口的收入份额具有正效应，而对收入最高的20%和5%人口的收入份额具有负效应。阿鲁瓦利亚(Ahluwalia, 1974)先后采用学校入学率指标和识字率衡量教育扩展水平，运用66个国家的数据研究发现：识字率的提高有助于提高低收入人口的收入，而中等教育发展则有利于中间收入人口，对收入最高的20%的人口的收入份额具有负效应。钱纳里和瑟尔奎恩(Chenery and Syrquin, 1975)运用50个国家的样本，分别使用调整后的初等教育和中等教育入学率研究收入分配，发现教育成就的提高使收入从收入最高的20%的人口向收入最低的40%的人口转移，教育扩展将有助于收入分配的均等化。迈瑞恩和萨卡洛布洛斯(Marin and Psacharopoulos, 1976)根据美国的数据进行的研究发现平均受教育年限每增加一年，用收入对数的方差表示的收入不平等程度将下降10%。但是在不同层次教育扩展的效果不同,给初等教育毕业生每增加10%的进入中等教育的机会,收入的方差将减少4.4%,而高等教育每扩展5%,将会使收入分配指数恶化2%。在英国也有与之相似的研究,布劳格、多耶特和萨卡洛布洛斯(Blaug,Dougherty and Psacharopoulos,1982)的研究表明,将最小入学年龄提前一年可以使收入不平等状况减少12%—15%。奈特和萨伯特(Knight and Sabot,1983)发现,在坦桑尼亚和肯尼亚,受教育的劳动力供给越多,则收入分配越平等。塔莱克(Tilak,1986)以50个国家作为研究样本,发现教育因素对各收入水平的人口的收入都存在着显著的影响。中等教育在校生数对收入最低的40%的人口和中间收入的40%的人口的收入份额有着显著的正向作用,各种水平的教育扩展对收入最高的20%的人口的收入份额都有着很强的负向作用。这说明,教育扩展在总体上起着使收入从收入最高的20%的人口向收入最低和中间收入人口转移的作用(即重新分配的作用)。巴罗(Barro,1999)的研究结果证明初级教育与收入不均等存在明显的负相关关系,中等教育与收入不均等负相关但不明显,高等教育与收入不均等是明显的正相关关系。

国内学者对此也进行了研究,于德弘和陆根书(2001)通过对我国29个省、自治区和直辖市的人均GDP、高等教育规模、6岁以上人口中接受过高等教育的人数及城市居民收入分配的基尼系数等数据进行了分析,探讨了高等教育扩展与收入分配之间的关系,分析结果表明,高等教育规模扩展对收入分配的平等化具有显著的积极影响,高等教育规模越大,收入分配就越平等。周文兴

(2002)运用非经典时间序列方法，揭示了中国经济增长与收入分配不平等之间的关系。研究发现教育扩展(用初中毕业升学率衡量)有利于改善收入分配不平等的状况。

第二种观点:教育扩展的倒 U 型关系论

持这种观点的学者认为，教育扩展对收入分配的影响不一定仅仅是简单的线性关系，在经济发展的早期，教育扩展会拉大收入差距，而经过一段时间，在经济发展达到一定水平时，教育扩展则会缩小收入差距。教育扩展与收入分配呈现出类似于库兹涅茨假设的倒 U 型关系。

莱佩兹格和刘易斯(Leipziger and Lewis,1980)用 19 个人均 GNP 在 500 美元以上的欠发达国家(LDCs, Least Developed Countries)为样本，分别计算了成人识字率、初等教育在校生数与收入基尼系数的相关系数，发现收入基尼系数与成人识字率、初等教育在校生数之间有着显著的负相关关系，而收入基尼系数与成人识字率有着正相关关系，收入基尼系数与初等教育在校生数之间存在负相关关系，而且二者的相关系数是不显著的。拉姆(Ram,1985)的研究也发现，在中等收入的 LDCs 中，初等教育在校生数、成人识字率与收入最低的 40%人口的收入份额起着正向作用，而在 9 个低收入的 LDCs 中，初等教育在校生数、成人识字率对收入最低的 40%人口的收入份额起着负向作用，说明教育扩展对收入分配的影响还受经济发展水平的制约。

国内学者也参与了此方面的研究，赖德胜(1997)运用 49 个国家的数据，选择成人识字率、男性中等教育入学率和劳动者平均受教育年限作为衡量教育扩展的指标，以收入基尼系数、收入最低的

20%人口占总收入的比例、收入最低的40%人口占总收入的比例和收入最高的20%人口占总收入的比例为衡量收入分配的指标，验证了教育扩展与收入不平等变动之间存在着倒U型关系的假设。这一研究发现，教育扩展是决定收入分配的重要因素。由于教育扩展的扩张效应与抑制效应的共同作用，在教育扩展的初期，收入不平等会扩大，而到教育扩展后期，收入不平等则会逐渐缩小。他认为扩张效应源于教育供给小于教育需求所导致的不同水平教育者之间工资差距的扩大，而抑制效应则源自教育供给增加之后的竞争效应和渗漏效应。这为研究教育扩展对收入分配的影响提供了一个很好的分析思路。白雪梅(2004)对中国1982—2000年的时间序列数据进行了经验研究，研究结果并没有拒绝平均受教育年限和收入不平等程度之间的倒U型关系，二者表现为显著的正相关关系，这可能是因为中国处在倒U型曲线的上升阶段，教育扩展不是降低而是扩大了收入不平等。

第三种观点：教育扩展的非平等论

持此观点的学者认为，教育成就的提高对收入分配的影响是不显著的，有时甚至还会起到相反的作用。

奈特和萨伯特(1983)提出教育扩展对收入分配影响的两种主要的作用机制：结构效应和压缩效应。结构效应是指在教育收益率恒定的情况下，教育分配的变化对收入分配的影响；压缩效应是指在假定教育分配结构恒定的前提下，不同教育层次相对教育收益率的变化对收入分配的影响。前者起初会扩大收入不平等程度，后来降低收入不平等程度；后者会降低收入不平等程度。他们认为教育扩展对收入分配的影响是结构效应和压缩效应共同作用的结果。奈特和萨伯特(1987)在坦桑尼亚的研究还发现,教育扩展对收入分配的作用是不显著的,对收入分配起影响作用的是公共部门的工资政策。卡诺依(Carnoy,1979)认为,由于教育系统以外的社会、经济因素的制约,教育扩展对收入分配改善的作用很可能是不明显的,甚至是反方向的。瑟罗(Thurow,1975)的研究认为,如果工作机会的分配没有变化,那么更多人接受了教育这一事实并不能改变收入分配的状况。达斯古普塔(Dasgupta,1979)发现,在印度和哥伦比亚公共教育的扩展有助于收入的均等化,而私人教育的扩展则恶化了收入分配状况;私人教育扩展的消极作用超过了公共教育扩展的积极作用,从而使教育扩展对收入分配均等化的总效应为负。西蒙斯和亚历山大(Simmons and Alexander,1980)甚至认为,教育扩展不是减少了收入不平等,而是加剧了收入不平等。

(2) 教育分配与收入分配

在教育不断扩展的过程中,教育在一国人群中的分布状况也会对收入分配产生影响,许多学者也开展了这方面的研究。

奇斯威克(Chiswick,1971)应用 9 个国家的小样本数据,发现收入不平等与教育分配的不平等、教育的平均收益率提高之间均存在着正相关关系;教育分配的不平等直接影响收入的不平等,因此,提高教育分配的平等化程度将有利于收入分配的均等化。郎格诺(Langono,1973)对巴西的研究显示,劳动力受教育水平的差异解释了 1960—1970 年巴西收入不平等的 33%,在这段时期,高等教育扩展迅速,而初等教育扩展缓慢,说明教育扩展的模式影响教育分配,进而对收入分配产生影响。伯索尔和洛德诺(Birdsall and Londono,1998)的研究也得出了最初的教育分配不平等状况对经济增长和穷人的收入增长有很强的不利影响的结论。安帕罗·卡斯特罗和拉斐尔·多梅内克(Amparo Castello and Rafael Domenech,2002)提出了人力资本基尼系数概念,并指出教育不均等、投资率低与低收入增长有关,教育分布的不均等比投资率不均等还要严重。然而,也有学者对教育分配与收入分配的关系持相反的观点。珍克等人(Jencka et al.,1972)认为,教育分配和收入分配之间并不存在实质性的联系。约翰斯通(Johnston,1973)和乌瑟夫(Uthoff,1981)对智利的研究、卡诺依(1979)对墨西哥的研究、穆塔(Muta,1987)对日本的研究均显示教育分配的平等化并不能减少不同社会经济群体之间的收入不平等。奥尼尔(O'Neill,1995)发现发达国家的受教育程度在趋同,这也导致收入分配的差异性在降低。不过,从全世界范围来看,虽然受教育程度大幅度趋同,但收入差距仍然很大。王小鲁、樊纲(2005)的研究说明,教育机会不平等是导致我国收入差距过大的一个关键因素。

(3) 综合考虑教育扩展与教育分配对收入分配的影响

为了全面反映教育扩展对收入分配的影响,一些学者将教育扩展变量和教育分配变量同时引入到研究中,综合考虑教育扩展和教育分配变化两因素对收入分配的影响。

贝克尔和奇斯威克(Becker and Chiswick,1966)的研究表明:美国各地区的收入不平等与人力资本分配不平等正相关,与人力资本水平负相关。丁伯根(Tinbergen,1972)应用美国、加拿大和荷兰的有关数据所做的研究也发现,教育扩展与教育分配的不平等对收入分配有相当大的影响,当教育成就增加而教育分配的离散程度较小时，教育扩展有助于改善收入分配的不平等程度。但是，萨卡洛布洛斯(1977)应用 49 个国家数据，用教育分配(用教育差异系数衡量)、教育成就(用每个教育层次入学人数的加权平均数表示)和人均收入水平三个变量来解释收入分配，却未能得出相同的结论。他发现，在回归过程中，当表示教育成就的变量与表示教育分配的变量一起进入方程时，教育成就对收入分配平等化的影响是负向的，只有在回归方程中忽略了教育分配变量时，教育成就提高才对收入分配的平等化起着积极作用。帕克(Park,1996)将萨卡洛布洛斯的研究的矛盾结果归因于教育成就与教育分配之间的共线性。温尼戈登(Winegarden,1979)用 32 个国家的数据，以收入最低的 80%人口的收入份额作为被解释变量，以平均受教育水平及其方差作为解释变量进行了回归分析。结果表明，平均受教育水平越高，收入分配越趋于公平，而教育分配的不均等程度越大，收入分配的不平等程度也越大。然而，温尼戈登使用平均受教育水平和教育方差的自然对数的方法受到了质疑。拉姆(1984)指出，如果在温尼戈登的研究中自变量的选择不是使用平均受教育水平和教育方差的自然对数，而是直接使用平均受教育水平和教育方差，教育分配对收入分配影响的估计系数将是不显著的。进一步地，他采用 28 个国家(其中 26 个为 LDCs)的数据，以包括平均受教育水平及教育方差的一系列变量作为自变量，分析了教育分配对收入最低的 80%和最低的 40%的人口收入份额的影响。结果显示，所有样本国家教育方差的估计系数在统计上都是不显著的，平均受教育水平对收入分配的平等化有着轻微的正效应。卡诺依等学者(Carnoy et al. ,1979)总结了拉丁美洲一些国家的情况，里查德和莱诺(Richards and Leonor,1981)选用斯里兰卡和菲律宾的数据，研究均显示教育扩展对个人收入分配起着决定性的作用，但劳动力的教育分配状况对个人收入分配的影响则不明显。但是，20世纪末以来的研究却再次显示出教育分配对收入不平等有正向的影响。帕克(1996)应用59个国家数据的研究表明，劳动力的平均受教育水平越高，收入分配就越平等；而教育分配的离散程度越大，收入分配就越不平等。美洲开发银行(IDB,1998)利用19个国家的数据进行回归分析，以收入基尼系数作为因变量，以土地基尼系数、平均教育水平和平均教育水平的标准差作为自变量，发现平均受教育水平和教育标准差的提高对收入不平等程度的影响都是正向的。格里高里和李(Gregorio and Lee,2002)采用100多个非洲、亚洲和拉丁美洲国家的时序—截面数据，以15岁以上人口的平均受教育年限、15岁以上人口的平均受教育年限的标准差、人均GDP的对数、人均GDP对数的平方为自变量，以收入基尼系数作因变量，进行了似不相关回归(Seemingly-Unrelated-Regression)分析，结果证实了库兹涅茨假设，得出了教育水平的提高和教育分配的平等化都有利于改善收入分配的结论。

(4) 教育收益率研究

平均受教育程度的提高对收入不平等的影响取决于教育收益率的演变，理论界一般采用明塞尔收益率和内部收益率两种方法计算教育收益率，在此我们简要介绍明塞尔收益率的实证情况。

李实、李文彬(1994)的研究显示我国小学、初中、高中和大学教育的边际收益率分别为2.667%、3.378%、3.852%和4.484%；

城镇人力资本收益率为 3.8%，农村人力资本收益率为 2.0%；女性职员人力资本收益率（3.7%）高于男性（2.5%）。诸建芳等（1995）则发现基础教育收益率为 1.2%，专业教育收益率为 3.0%；男性和女性职工的基础教育收益率分别为 2.1%和 1.6%，而他们专业教育收益率分别为 2.9%和 3.1%。赖德胜（1998）采用李实、李文彬（1994）的研究方法，对 1995 年全国调查数据进行了研究，认为中国城镇人力资本收益率为 5.73%，全国人力资本平均收益率、全民所有制企业人力资本收益率、外资企业人力资本收益率分别为 5.73%、5.03%、6.9%。陈晓宇、闵维方（2003）得到的我国教育的明塞尔平均收益率为 5.32%（初中 3.59%、高中 4.19%、中专 6.76%、大专 4.67%、本科 6.58%），此外非公有制单位人力资本收益率比公有制单位的高 3.37 个百分点。

4. 健康、在职培训、迁移等与收入分配

除了教育外，人力资本还包括培训、健康、迁移等内容，学者们对这些方面对收入分配的影响也进行了研究。

(1) 健康与收入分配

健康（与教育一样）是使人类生活体现价值的基本潜能之一（阿玛蒂亚·森语），健康不仅是使个人感受到幸福的基础，而且能为个人未来的发展和经济保障提供能力。早在 1842 年，查德威克（Chadwick）就提出健康支出可视为对于人力资本的投资。1962 年，默希金（Mushkin）正式将健康作为人力资本构成部分，计算出了美国在 1900—1960 年间由人口死亡率的下降带来的经济收益约为 8200 亿美元，从而归纳出了分析疾病对人力资本和劳动生产

率造成损失的“Death, Disability, Debility”的“3D”框架。1963年阿罗发表的经典论文“不确定性和福利经济学”标志着健康经济学的确立。格鲁斯曼(1972)完善了健康经济学的分析框架，将贝克尔提出的家庭生产函数成功地引入到健康的效用函数分析之中，第一次建立了分析健康需求的理论模型，首次提出了健康资本的概念，认为医疗保健需求是一种派生需求，健康资本是人力资本的一种，个人的健康状况可以视为“健康资本存量”。其后，国内外理论界主要围绕健康与经济增长的关系、健康对收入的影响两个方面讨论健康与收入分配的关系。

在健康与经济增长方面，学者们主要是将健康资本(健康投资)纳入到宏观经济增长模型中考察健康对经济增长的影响，如巴罗(1996)建立了一个包括物质资本积累、健康人力资本投资和教育人力资本投资的三部门新古典模型；穆斯肯(Muysken,1999)则把健康积累函数加入到拉姆齐—卡斯—库普曼斯(Ramsey-Cass-Koopmans)模型；王弟海(2008)将健康投资和健康人力资本积累引入到阿罗—罗默(Arrow-Romer)生产函数和格鲁斯曼(Grossman)效用函数的模型中；宙恩和穆斯肯(Zon and Muysken,2001、2003)将健康水平同时引入到卢卡斯(1988)内生增长模型的生产函数和效用函数中，但研究结论不一。福格尔(1994a、1994b、2002)的研究认为，在1780年到1979年这200年期间，由于个人营养水平的提高从而使个人健康水平提高所带来的生产力的提高能解释英国人均收入水平年增长率的50%多；王弟海(2008)认为，经济增长既同健康投资的增长率有关，又同健康人力资本存量有关，健康人力资本增长率总是同经济增长正相关，但由于健康投资可能会挤占物质资本积累，过多的健康投资对经济增长可能具有负作用。宙恩和穆斯肯(2001、2003)也发现，经济增长最终可能会因为持续性增长的健康投资而逐渐消失。

在健康与收入分配方面，一方面学者们从总量上研究健康对收入不平等的影响机制及其效果。巴罗(1997)发现低的死亡率和高的预期寿命会通过提高教育和健康投资回报的预期以及降低教育和健康人力资本的折旧率，增加人们投资于人力资本的动机。伯乐姆(Bloom et al.,2000)则认为，疾病与贫困常常是相伴而生的，健康投资往往偏向于向低收入者提供相应医疗卫生服务的公共卫生服务体系，从而能够改善收入结构，减少贫困，有助于低收入患者摆脱贫困陷阱。他通过对 31 个国家数据的实证研究发现，一国 1990 年的预期寿命的提高，将在未来 25 年中提高经济增长率，降低收入不平等的程度。魏众(2004)利用 1993 年中国营养健康调查数据，使用赫克曼两阶段估计模型发现，我国农村地区健康对劳动参与及非农就业机会都有着显著的影响。刘国恩等(2004)的研究发现，在我国个人健康是决定家庭人均收入的重要因素，但健康的收入效应对农村人口非常显著，对城市人口几乎没什么影响。另一方面，许多学者进一步考察了具体的健康指标与收入之间的关系。迪奥拉利卡(Deolalikar,1988)研究发现，体重/身高的值对工人的工资及农业产出具有很高的弹性。哈达德和博伊斯(Haddad and Bouis,1991)发现，身高对市场工资有强烈的影响，而身体质量指数(BMI,Body Mass Index)和卡路里摄入却对工资没有影响。托马斯和斯特劳斯(Thomas and Strauss,1997)的研究也发现，身高对工资的影响巨大并且显著，男性身高每增长1%，收入将上升2.4%，身体质量指数则只对男性工资有正影响，对工资的影响在低教育水平人群中（包括女性）更大。张车伟（2003）作为最早关注营养与收入关系的学者，他对我国农村的研究发现，在边际影响为零的转折点之前，卡路里拥有量每增加1000卡，家庭种植业收入将会增加1051元，卡路里拥有量每增加1%，种植业收入会相应增加0.57%。高梦滔、姚洋（2005）的研究表明，大病冲击在随后的12年里对于农户人均纯收入有显著负面影响，使得患病农户人均纯收入平均降低5%—6%。长期来看，健康风险冲击影响可持续大约15年，且冲击对于中低收入农户的影响更为严重。另外，赵忠、侯振刚（2005）、朱玲（2003）等人研究了我国居民的健康需求及其不平等状况。

(2) 迁移、在职培训等与收入分配

迁移、在职培训等也作为人力资本形成的重要途径，对收入也会产生影响，但整体而言，学者们关注较少。舒尔茨（1978）认为，迁移成本具有在人力资本上进行自我投资的性质，迁往新的地方之后所获得的金钱和非金钱性好处即意味着其未来的利润。斯杰斯塔德（Sjaastad，1962）也考察了迁移对人力资本形成的影响。在职培训方面，贝克尔（1975）将在职培训分为一般培训（可用于其他企业的能力的培训）和特殊培训（只适用于本企业的技能的培训），认为一般培训投资应该由劳动者自己进行，特殊培训应该由个人和企业分担，企业应该给一般培训者支付相当于其他企业雇员的工资，给予特殊培训者高于其他企业的工资。这是为弥补减少特殊培训雇员的流动性给雇员带来的损失和担心该雇员离去会给企业造成的损失。明塞尔（1958）进一步区分了教育和在职培训对收入的影响，认为在以全日制进入劳动市场之前而在学校获得的教育，将会影响终生所得的水平，但不影响工资剖面的形状；在职培训、职业学习以及工作流动上的人力资本时间模式则会影响工资剖面的形状。

5. 总结与评论

纵观国内外学者对人力资本与收入分配的研究，我们发现，现有的研究有以下不足。

（1）现有成果侧重于对人力资本中教育对收入分配的研究，对人力资本其他因素的研究刚刚起步，不能够全面地反映人力资本对收入差距的作用，迫切需要进行整体研究。从上文的评述中我们可以看到，理论界对人力资本的关注是从教育入手的，教育对收入分配的影响成为研究的热点，研究成果相对比较丰硕，所研究的程度也比较深，基本涉及了教育影响收入分配的方方面面。然而，教育仅仅是人力资本的组成部分之一，现有研究对健康、在职培训、迁移等要素的研究比较薄弱。事实上，健康是接受教育的前提（Zon and Muysken，2001）；健康可以延长教育投资的回报期，从而提高教育投资的预期，降低教育人力资本的折旧率，从而增加教育投资的动力（Barro，1996）；健康的人认知能力较强，学习效力更高（Schultz，1979）等。不仅如此，对于我国而言，由于医疗卫生体制的市场化改革带来的“吃不起药，看不起病”现象，产生了大量因病致贫、因病返贫等现象，这已经成为影响收入差距的重要因素，迫切需要加强对健康与居民收入差距关系的研究。在职培训、迁移等也对居民收入差距的形成产生了重要的作用，也需要进一步研究。同时，这种侧重于单个要素的研究不能够全面反映人力资本在居民收入差距形成中的作用，使人们只见树木不见森林，客观上造成了以教育替代人力资本的认识偏差，迫切需要进行全面的研究。

(2) 现有成果更侧重于研究教育存量对收入分配的影响，对人力资本结构对收入分配影响的研究明显不足。人力资本是决定居民获取收入能力的重要因素，人力资本存量主要决定了居民的获取收入能力，从而影响收入分配。理论界的研究主要集中在对人力资本的主要组成部分——教育存量的变化（教育扩展）对收入分配的影响上。但是，事实上人力资本存量的分布状况，即人力资本的结构，包括教育和健康的比例、教育的分布、健康的分布等，直接影响到收入差距的形成，需要深入研究。尽管现有成果也涉及教育分配，即教育分布状况对收入分配的影响，但一方面教育分配仅仅是人力资本诸多结构中的一种，另一方面现有的分析比较粗浅，不能够充分反映人力资本结构对居民收入差距的影响。

(3) 整体而言，理论界对人力资本与收入分配关系的研究深度不够，诸多的结论争议较大，还没有成型的理论体系。居民收入受到诸多因素的影响，特别是我国处于体制改革和转轨时期，制度因素的影响本身就很明显，再加上要素因素的影响，所以情况更复杂。人力资本作为影响收入的一个因素，受到这些因素的影响，往往很难清楚地界定人力资本在其中的作用，这需要采用更多更有效的工具进行更深入持续的研究。目前理论界对此问题的研究已经铺开，但是争议较大，很多问题还没有达成共识，整体的理论体系还没有建立起来。特别是对我国特殊情况的研究极其薄弱,文献量小,研究深度需要进一步加强。

1.2 研究意义

如开篇所言,伴随着我国经济的高速增长,我国居民的收入差距持续快速扩大,由此带来了一系列社会问题,居民收入差距扩大已经成为整个社会关注的焦点,直接影响到我国经济社会的可持续发展。就总体而言,基尼系数持续扩大,由 1981 年的 0.278 上升至 2007 年的 0.485,已经远远超过国际警戒线。就结构而言,城乡居民收入差距、行业收入差距、地区居民收入差距是三个最突出的问题。其中,城乡收入差额由 1978 年的 209.8 元攀升到 2007 年的 9645.4 元,2008 年更是突破 1 万元;城乡收入比由 1985 年的 1.85 提高到 2007 年的 3.3,城乡居民收入差距呈现出拉大的趋势。如果进一步考虑到国家统计局对农村采用的是纯收入而城市采用的是可支配收入的差异,这一差距将更大。收入最高地区的居民平均收入是收入最低地区的居民平均收入的接近 5 倍,收入最高行业人均收入是最低行业人均收入的接近 5 倍。就宏观指标而言,最突出的问题是居民收入在国民收入中的比重和劳动报酬在初次分配中的比重均过低。据测算,我国自 1986 年开始,居民收入在国民收入中的比重从 62.8%经过波动逐步下降到 2007 年的 44.5%,特别是自 1999 年以来持续下降;工资总额在国民收入中的比重从 1998 年开始始终维持在 11%左右。据全国总工会的调查与研究,我国居民劳动报酬占 GDP 的比重,在 1983 年达到 56.5%的峰值后，就持续下降，2005 年已经下降到 36.7%，22 年间下降了近 20 个百分点。而从 1978 年到 2005 年，与劳动报酬比重的持续下降形成了鲜明对比的是，资本报酬占 GDP 的比重上升了 20 个百分点。在这些差距形成过程中，哪些因素发挥的作用更大，是制度设计方面出现了问题？还是要素流动出现了问题？

从理论研究方面看，近年来，理论界对我国收入差距扩大问题进行了广泛的研究，赵人伟、李实(1997)是我国较早开展收入差距测算和研究的学者，不仅较早指出了我国居民收入差距正在拉大，还发现东中西三大地区农村和城市的收入差距都有扩大的趋势，并且农村区域间收入差距的扩大程度要显著地高于城市区域间的收入的扩大程度。王小鲁、樊纲(2005)对库兹涅茨曲线(Kuznets Curve)进行了检验，发现我国的居民收入差距还有继续上升的明显趋势，而下降阶段不能确证，说明中国的收入差距并不必然随着经济发展水平上升而无条件下降。王培刚、周长城(2005)认为我国收入差距表现在城乡内部差距、城乡之间差距和地区差距上，其中主要表现在城乡之间与地区差距上。同时，学者们对城乡收入差距、城市内部收入差距、农村内部收入差距、地区收入差距和行业收入差距等进行了研究。进一步，学者们对形成我国居民收入差距的原因进行了研究，多数学者认为是体制、机制和政策造成的，即是因制度设计方面造成的，如蔡昉和杨涛(2000)、林光彬(2004)、陆铭和陈钊(2004)认为我国收入差距拉大是由经济体制改革带来的，张红宇(2004)、田新民等(2009)则认为是由我国的二元体制造成的，林毅夫和刘培林(2003)等则认为是由我国的发展战略和优惠政策造成的，而张问敏、魏景芬(1995)则认为灰色收入是造成我国收入差距的主要原因，等等。还有的学者从要素角度分析我国收入差距形成的原因，如万广华、陆铭、陈钊(2005)的研究发现，有形资本已经对整个收入差距构成了20%的贡献，等等。在人力资本作为决定居民收入的基础要素方面，理论界也开展了一定的研究。但是，正如前文对国内外研究述评部分所言，大家将研究的重心放在了教育对收入差距的影响方面，忽视了人力资本其他组成部分的作用，存在以教育替代人力资本的嫌疑，人力资本在我国居民收入差距扩大的作用以及作用的机制等问题迫切需要研究。

从政策操作层面看，国家对我国的收入分配差距问题给予高度重视，明确提出要深化收入分配制度改革，调整国民收入分配格局，提高居民收入在国民收入分配中的比重，提高劳动报酬在初次分配中的比重，增加农民和城镇低收入者收入，扩大中等收入者比重，推动我国收入分配制度合理化。对此，国家正在制定相关的政策。但是，这里存在一个政策着力点的选择问题，是将政策着力点确定在解决制度歧视方面，还是要素投入方面？是在人力资本方面，还是人力资本以外的其他要素方面？是在人力资本投资的总体投入方面，还是人力资本结构调整方面？这些均需要进一步细致的研究。

1.3 研究框架与思路

本书的研究思路是：首先运用最新的统计数据，采用基尼系数、泰尔指数等方法对我国居民收入差距进行具体测算，运用夏洛克斯(Shorrocks)分解法对我国居民收入差距进行分解，初步明确人力资本在居民收入差距形成中的作用；进一步分析人力资本作用于居民收入分配的内在机理，提出存量效应和结构效应这一分析框架，以此为依托构建基于人力资本的收入分配模型，完成研究的理论准备；运用相关方法对我国包括教育、卫生、在职培训、迁移和科研在内的整体人力资本存量和我国人力资本的投资结构、分布结构进行全面测算；运用测算结果构建基于人力资本的收入分配模型，对我国人力资本对收入差距的存量效应和结构效应进行全面的实证研究，并对我国居民收入差距中最为突出的城乡收入差距、行业收入差距、地区收入差距进行了进一步的实证研究；最后结合我国的改革实际，进一步剖析实证研究结果，对相关改革措施和政策提出了评价和建议。

本书分为八部分

第一部分为导论，主要是评述国内外理论界关于人力资本与收入分配的相关研究成果，在此基础上提出本书的研究意义、研究思路、研究框架以及提出的主要观点。

第二部分主要分析人力资本在我国居民收入差距扩大中的作用。我们主要采用《中国统计年鉴》等的数据测算出反映我国居民总体收入差距、城乡收入差距、地区收入差距、行业收入差距的基尼系数、泰尔指数等指标，并运用夏洛克斯分解方法，从收入来源角度对居民收入差距进行了分解，最后得出了人力资本在我国居民收入差距扩大中发挥了重要作用的结论。

第三部分主要分析人力资本作用于居民收入差距的机理。在分析人力资本特性基础上，我们论证了人力资本作用于居民收入差距的两个机制:存量效应和结构效应。

第四部分根据第三部分提出的人力资本作用于居民收入差距的机制,构建了基于人力资本的收入分配差距的微观模型和宏观模型,为进一步的计量分析奠定基础。

第五部分运用相关方法测算我国居民人力资本存量,考察我国居民人力资本投资结构、教育基尼系数、卫生基尼系数等,为下一步的计量分析准备相关数据。

第六部分运用第四部分的模型和第五部分的相关数据,实证考察我国人力资本对居民总收入差距的影响,验证了第三部分提出的存量效应和结构效应。

第七部分在第六部分基础上,具体考察人力资本对城乡收入差距、地区收入差距和行业收入差距的影响。

第八部分总结整个课题,并提出相应的政策建议。

1.4 主要观点

本书提出以下观点:

(1) 人力资本及其不平等是影响我国居民收入差距的一个重要因素。造成我国居民收入差距扩大的原因既有体制、机制方面的原因,也有政策、经济发展阶段等方面的原因。我们认为,就目前而言,人力资本是其中一个重要原因。人均人力资本存量对居民收入基尼系数、居民城乡收入比、地区收入泰尔指数、行业收入泰尔指数的弹性分别达到了 0.0747、0.0723、0.12868 和 0.2252,且随着社会主义市场经济体制的不断完善,人力资本在决定居民收入中的作用将越来越大。特别是,人力资本的不平等已经成为影响我国居民收入差距的重要因素,教育人力资本基尼系数对收入基尼系数、城乡收入比、地区收入泰尔指数、行业收入泰尔指数的弹性分别达到了-0.291、-0.2941、-0.5599、-0.7474;卫生基尼系数对收入基尼系数、城乡收入比、地区收入泰尔指数、行业收入泰尔指数的弹性分别达到了-0.102、-0.0158、-0.0913、-1.0578。

(2) 人力资本与居民收入分配之间存在一条倒U型曲线,我国目前处于倒U型曲线的左边。不仅居民收入差距和经济发展阶段之间存在库兹涅茨曲线,赖德胜(2000)验证了在教育扩展与居民收入差距之间也存在这样一条倒U型曲线,我们的研究也证明,在包含教育、卫生、培训、科研和迁移在内的人力资本与居民收入差距之间也存在这样一条倒U型曲线,即随着人均人力资本存量的增加,居民收入差距先扩大后缩小。由于我国正处于工业化中期阶段,对人力资本的需求比较强烈,人力资本投资收益率较高,我国居民收入差距随着人力资本存量的增加而扩大,即我国目前处于倒U型曲线的左边。

(3) 人力资本通过存量效应和结构效应对我国居民收入分配发生作用。人力资本作为一个决定居民收入的基础性要素,对居民收入差距的影响一方面通过存量效应实现,即人均人力资本存量的增加首先拉大居民收入差距,发挥其扩张效应。其后随着人力资本的增加,劳动者之间的人力资本差距会被缩小,平等化效应开始发挥作用。随着人力资本总量进一步增加,人力资本供给大于需求,人力资本收益率下降,人力资本开始压缩居民收入差距,缩减效应发挥作用。在此过程中，配置的不对称性造成了人力资本的错位效应。另一方面，人力资本通过结构效应作用于居民收入差距，即人力资本通过分布结构、投资结构和制度结构导致居民收入差距的拉大。

(4) 加大人力资本投资、提高人力资本平等化质量、改革初次分配制度和所有制是缩小我国居民收入差距的重要途径。我国目前还处于工业化中期阶段，对人力资本需求大，但人力资本供给不足，造成了随着人力资本增加居民收入差距反而拉大的现象。因此，我们首先要加大人力资本投资，使我国尽快达到倒U型曲线的顶点。在此过程中，我们不能够盲目追求人力资本平等化，而是要找准人力资本投资的切入点和着力点，真正提高人力资本平等化的质量，才能够缩小居民收入差距。同时，我们要改革初次分配制度，发挥人力资本对居民收入的决定作用，只有提高了居民的人力资本收入比重，才能够真正提高劳动报酬在初次分配的比重。

1.5 主要创新之处

本书的创新之处主要有以下三点：

(1) 系统地对我国人力资本存量进行了测算。学术界对人力资本存量进行过测算，但在测算范围方面均存在不足。如侯凤云(2007)将人力资本的范围确立为教育、文化、科研、健康、干中学和就业迁移，但缺少了至关重要的培训；谭永生(2007)则把人力资本的范围定义为教育、在职培训、卫生保健、迁移流动五个部分，却缺少了科研；谢雪亚(2008)则仅仅把人力资本确定为教育培训投资和卫生保健类投资。另一方面，现有的各种测算方法均存在相关的不足，需要改进。如侯凤云(2007)直接以当年价格计算，没有考虑价格变动因素；又如对人力资本折旧率的计算千差万别；等等。本书在总结前人研究的基础上，运用最新的数据，对包括教育、卫生、培训、科研和迁移在内的我国人力资本存量进行了系统的测算，这一测算修订和改进了其他人的测算，是最新的测算。

(2) 首次考察了包含教育、卫生、培训、科研和迁移在内的全部人力资本的因素对居民收入差距的影响。人力资本对居民收入差距有一定的影响，在本书之前，学术界主要采用以教育替代人力资本的方法分析对居民收入差距的影响，后来部分学者开始研究卫生(或健康人力资本)对居民收入差距的影响，这些研究是片面的，因为人力资本范围比较广泛，教育和卫生仅仅是其两个组成部分。本书在全面测算包括教育、卫生、培训、科研、迁移在内的人力资本存量基础上，研究了人力资本对我国居民收入差距的影响。这弥补了国内外相关研究的不足，系统全面地考察了人力资本对居民收入差距的影响，使我们对人力资本在居民收入分配中作用的认识更加全面和深入。

(3) 首次提出了人力资本对居民收入分配的存量效应和结构效应。国内外学术界研究的重心集中在人力资本的不同存量对居民收入分配影响的计量分析方面，尤其在教育对居民收入分配的研究方面成果更多，如奈特和萨伯特(1983)提出教育扩展对收入分配的结构效应和压缩效应，赖德胜(1997)提出教育扩展的扩张效应与抑制效应等。本书在全面考察包括教育、卫生、培训、科研和迁移在内的人力资本基础上，一方面考察了人力资本存量对居民收入分配的影响，提出了人力资本对居民收入分配的存量效应；另一方面考察了人力资本的不同组成部分、分布状况和制度结构对居民收入分配的影响，提出了人力资本对居民收入分配的结构效应。这一方面弥补了现有研究只注重人力资本存量(主要是教育和卫生)而忽视人力资本结构的不足。另一方面给出了一个比较全面、系统的人力资本对居民收入分配的作用机制，为进一步的研究提供了一个较好的分析框架。

2 人力资本：一个影响我国居民收入差距的重要因素

居民收入差距扩大已经成为影响我国经济发展和社会稳定的重大问题，收入分配制度改革也随之成为社会的焦点，被推至风口浪尖。然而，制度改革之要义在于通过制度变革消除制度歧视、改变要素流动和促进要素生成。收入分配制度改革要真正能够有效遏制收入差距扩大趋势，必须深入考察各种要素在居民收入差距形成中的作用，才能够有的放矢，切中问题的要害。本章将通过对我国居民收入差距的具体测算，运用相关方法从收入来源角度对居民收入差距进行分解，测算各种收入在收入差距形成中的贡献，最后结合分解结果分析人力资本在我国居民收入差距形成中的作用。

2.1 我国居民收入差距测算

1. 我国居民整体收入差距状况

基尼系数是最常用的、被世界各国广泛认同和普遍采用的指标，目前世界银行、中国社会科学院，王少国、曹景林等都对我国的基尼系数进行了估算。我们采用离散分布的基尼系数测算方法，同时辅之以其他方法,使用国家统计局数据对我国基尼系数的估算。其结果与张婵娜的估算结果基本重合,方法上也大同小异,故选用张婵娜的估算结果来说明我国基尼系数的演进状况,见图 2—1。

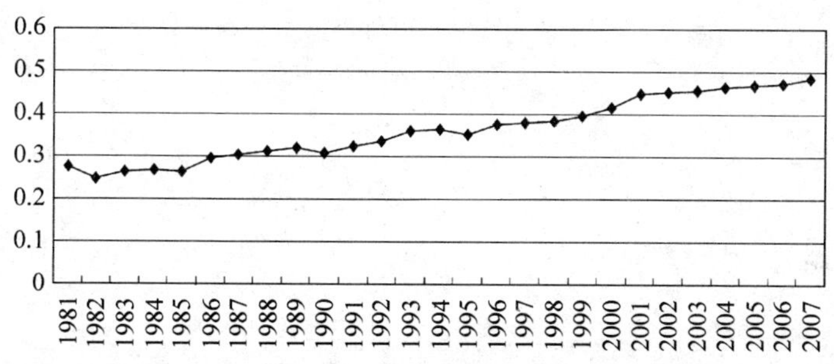

图 2—1 中国 1981—2007 年基尼系数演变路径图

注:数据来源于张婵娜的文章"中国居民收入分配差距评价综述",载《当代经济》2008 年第 9 期。该文注明其 1995 年以前数据转引自曾国安(2002),1995 年以后数据来自国家统计局《中国统计年鉴》。

从对基尼系数的估算结果来看,改革开放以来我国基尼系数呈现出上扬的发展态势,虽然个别年份有所回落,但很快就转变为上升。1981 年我国居民收入基尼系数为 0.278,到 2007 年该值已经增长到 0.485。按照联合国有关组织规定,基尼系数低于 0.2 表示收入绝对平均,0.2—0.3 表示比较平均,0.3—0.4 表示相对合理,0.4—0.5 表示收入差距较大,0.5 以上表示收入差距悬殊。那么在改革开放初期的 1981—1986 年我国收入分配还是比较平均,1986—1999 年收入分配还相对合理,2000 年之后我国收入基尼系数迈过了 0.4 的"警戒线",收入差距开始变得较大。

从世界范围内横向比较来看,我国基尼系数在世界范围内处于偏高位置。表2—1是联合国公布的数据,从中可以看出世界上基尼系数高于中国的国家有20个左右,而且大多是拉丁美洲和非洲国家,亚洲只有马来西亚和菲律宾等为数不多的几个国家的基尼系数高于中国。

表2—1 世界各国2007/2008基尼系数比对表

1 冰岛..	26 韩国 31.6
2 挪威 25.8	27 斯洛文尼亚 28.4
3 澳大利亚 35.2	28 塞浦路斯..
4 加拿大 32.6	29 葡萄牙 38.5
5 爱尔兰 34.3	30 文莱..
6 瑞典 25.0	31 巴巴多斯..
7 瑞士 33.7	32 捷克 25.4
8 日本 24.9	33 科威特..
9 荷兰 30.9	34 马耳他..
10 法国 32.7	35 卡塔尔..
11 芬兰 26.9	36 匈牙利 26.9
12 美国 40.8	37 波兰 34.5
13 西班牙 34.7	38 阿根廷 51.3
14 丹麦 24.7	39 阿联酋..
15 奥地利 29.1	40 智利 54.9
16 英国 36.0	41 巴林..
17 比利时 33.0	42 斯洛伐克 25.8
18 卢森堡..	43 立陶宛 36.0
19 新西兰 36.2	44 爱沙尼亚 35.8
20 意大利 36.0	45 拉脱维亚 37.7
21 中国香港 43.4	46 乌拉圭 44.9
22 德国 28.3	47 克罗地亚 29.0
23 以色列 39.2	48 哥斯达黎加 49.8
24 希腊 34.3	49 巴哈马..
25 新加坡 42.5	50 塞舌尔..

续表

51 古巴..	83 亚美尼亚 33.8
52 墨西哥 46.1	84 土耳其 43.6
53 保加利亚 29.2	85 苏里南..
54 圣基茨和尼维斯..	86 约旦 38.8
55 汤加..	87 秘鲁 52.0
56 利比亚..	88 黎巴嫩..
57 安提瓜和巴布达..	89 乌干达 53.6
58 阿曼..	90 菲律宾 44.5
59 特立尼达和多巴哥 38.9	91 突尼斯 39.8
60 罗马尼亚 31.0	92 斐济..
61 沙特阿拉伯..	93 圣文森特和格林纳丁斯..
62 巴拿马 56.1	94 伊朗 43.0
63 马来西亚 49.2	95 巴拉圭 58.4
64 白俄罗斯 29.7	96 格鲁吉亚 40.4
65 毛里求斯..	97 圭亚那..
66 波黑 26.2	98 阿塞拜疆 36.5
67 俄罗斯 39.9	99 斯里兰卡 40.2
68 阿尔巴尼亚 31.1	100 马尔代夫..
69 马其顿 39.0	101 牙买加 45.5
70 巴西 57.0	102 佛得角..
71 多米尼克..	103 萨尔瓦多 52.4
72 圣鲁西亚..	104 阿尔及利亚 35.3
73 哈萨克斯坦 33.9	105 越南 34.4
74 委内瑞拉 48.2	106 巴勒斯坦..
75 哥伦比亚 58.6	107 印度尼西亚 34.3
76 乌克兰 28.1	108 叙利亚..
77 萨摩亚..	109 土库曼 40.8
78 泰国 42.0	110 尼加拉瓜 43.1
79 多米尼加 51.6	111 摩尔多瓦 33.2
80 伯利兹..	112 埃及 34.4
81 中国 46.9	113 乌兹别克斯坦 36.8
82 格林纳达..	114 蒙古 32.8

续表

115 洪都拉斯 53.8	147 苏丹..
116 吉尔吉斯斯坦 30.3	148 肯尼亚 42.5
117 玻利维亚 60.1	149 吉布提..
118 危地马拉 55.1	150 东帝汶..
119 加莲..	151 津巴布韦 50.1
120 瓦努阿图..	152 多哥..
121 南非 57.8	153 也门 33.4
122 塔吉克斯坦 32.6	154 乌干达 45.7
123 圣多美和普林西比..	155 冈比亚 50.2
124 博茨瓦纳 60.5	156 塞内加尔 41.3
125 纳米比亚 74.3	157 厄立特里亚..
126 摩洛哥 39.5	158 尼日利亚 43.7
127 赤道几内亚..	159 坦桑尼亚 34.6
128 印度 36.8	160 几内亚 38.6
129 所罗门群岛..	161 卢旺达 46.8
130 老挝 34.6	162 安哥拉..
131 柬埔寨 41.7	163 贝宁 36.5
132 缅甸..	164 马拉维 39.0
133 不丹..	165 赞比亚 50.8
134 科摩罗..	166 象牙海岸 44.6
135 加纳 40.8	167 布隆迪 42.4
136 巴基斯坦 30.6	168 刚果民主共和国..
137 毛里塔尼亚 39.0	169 埃塞俄比亚 30.0
138 莱索托 63.2	170 乍得..
139 刚果..	171 中非 61.3
140 孟加拉 33.4	172 莫桑比克 47.3
141 斯威士兰 50.4	173 马里 40.1
142 尼泊尔 47.2	174 尼日尔 50.5
143 马达加斯加 47.5	175 几内亚比绍 47.0
144 喀麦隆 44.6	176 布基纳法索 39.5
145 巴布亚新几内亚 50.9	177 塞拉利昂 62.9
146 海地 59.2	

注：数据来源于 Human Development Report-2007/2008-Gini Index，其中关于中国基尼系数的数据与我们采用的张婵娜的数据有出入，具体见 http://hdrstats.undp.org/indicators/147.html。

2. 我国城乡之间居民收入差距

我国是一个典型的二元经济的国家,居民收入差距相当大的部分源于城乡收入差距。以下主要从收入总额、恩格尔系数、消费总额、消费结构、生活方式等方面进行考察。

(1) 城乡收入总额比较

从收入总额来看:我国城镇居民人均可支配收入持续高于农村居民人均纯收入。1978 年改革开放初期,城镇居民人均可支配收入为 343.4 元,而农村居民人均纯收入仅 133.6 元。到 2007 年,城镇居民人均可支配收入增长到了 13785.8 元,而农村居民人均纯收入仅增长到 4140.4 元,还不及 1995 年城市居民的人均可支配收入,见表 2—2。

表 2—2　改革开放以来我国城乡居民人均收入对比表

年份	城镇居民人均可支配收入(元)	农村居民人均纯收入(元)	城乡收入差额(元)	城乡收入比
1978	343.4	133.6	209.8	2.57
1980	477.6	191.3	286.3	2.50
1985	739.1	397.6	341.5	1.86
1990	1510.2	686.3	823.9	2.20
1991	1700.6	708.6	992.0	3.40
1992	2026.6	784.0	1242.6	2.58
1993	2577.4	921.6	1655.8	2.80
1994	3496.2	1221.0	2275.2	2.86
1995	4283.0	1577.7	2705.3	2.71
1996	4838.9	1926.1	2912.8	2.51
1997	5160.3	2090.1	3070.2	2.47
1998	5425.1	2162.0	3263.1	2.50

续表

年份	城镇居民人均可支配收入(元)	农村居民人均纯收入(元)	城乡收入差额(元)	城乡收入比
1999	5854.0	2210.3	3643.7	2.65
2000	6280.0	2253.4	4026.6	2.79
2001	6859.6	2366.4	4493.2	2.90
2002	7702.8	2475.6	5227.2	3.11
2003	8472.2	2622.2	5850.0	3.23
2004	9421.6	2936.4	6485.2	3.21
2005	10493.0	3254.9	7238.1	3.22
2006	11759.5	3587.0	8172.5	3.28
2007	13785.8	4140.4	9645.4	3.33

从两者的差额来看：1978 年城乡收入差额（城镇居民人均可支配收入减去农村居民人均纯收入）为 209.8 元。此后这一差额持续上升，到 2007 年已经变为 9645.4 元，2008 年更是突破 1 万元，见图 2—2。城乡居民绝对收入差距呈现出拉大趋势。

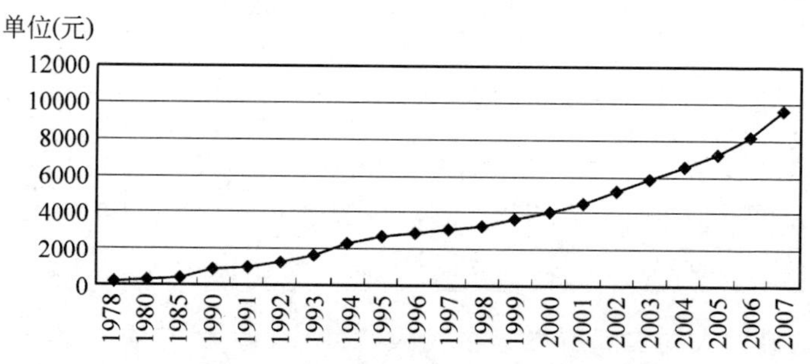

图 2—2　改革开放以来我国城乡收入差额演变图

从两者的比值来看：1978 年城乡收入比（城镇居民人均可支配收入除以农村居民人均纯收入）为 2.57。改革开放三十多年来,城乡收入比呈现波动上扬变化态势。1978—1985 年我国城乡收入比呈现下降趋势,这可能与农村经济体制改革引起农民收入增长有着直接的关系。1985—1994 年我国城乡收入比逐步上升,1994—1997 年又有缓慢下降,之后一路上涨,从 1997 年的 2.47 涨到 2007 年的 3.33,见图 2—3。总的来看,改革开放三十多年来城乡收入比进一步扩大。

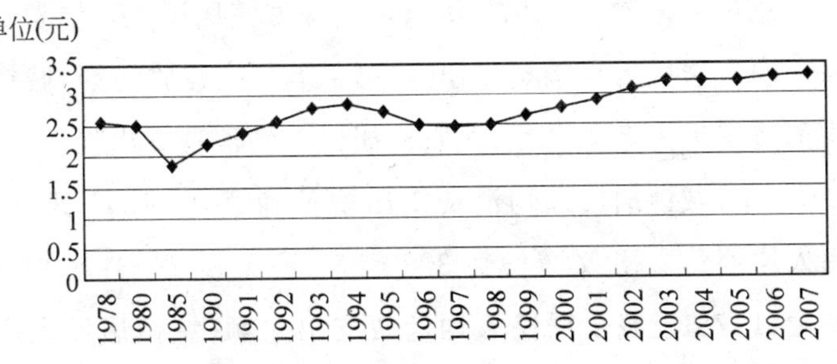

图 2—3 改革开放以来我国城乡收入比演变图

值得指出的是,目前国家统计局关于城乡居民收入统计的指标本身并不一致。城镇居民收入统计用的是"人均可支配收入",而农村居民收入统计用的是"人均纯收入"。人均可支配收入是个人获得的收入经过初次分配与再分配后形成的人均可自由支配部分,它反映居民可用于最终消费、投资、非义务性支付及储蓄的收入水平。而人均纯收入是居民家庭总收入扣除相应的各项费用性支付后的人均实际所得。在我国,农民购买化肥、农具、种子等费用都要从纯收入中支付,这样真正能够用来消费、储蓄、资本投资等的收入其实要更少。所以统计数据本身并不完美,我国城乡收入差距要远大于上述分析结果。

（2）城乡消费状况比较

消费状况也是反映收入的重要指标，从居民的消费状况可以折射出很多名义收入无法显示的信息，能更充分地反映居民的生活水平。1978 年以来，我国城乡居民消费差距也是十分明显，城镇居民人均消费支出和农村居民人均消费支出之间长期存在着较大的差距。

从总量上来看，自 1978 年以来我国城镇居民人均消费支出持续高于农村居民人均消费支出。1978 年改革开放初期，城镇居民人均消费支出为 311.2 元，而农村居民人均消费支出仅 116.1 元。到 2007 年，城镇居民人均消费支出增长到了 9997.47 元，而农村居民人均消费支出仅增长到 3223.85 元，见表 2—3；从两者的差额来看，1978 年城乡居民人均消费支出差额（城镇居民人均消费

表 2—3　改革开放以来我国城乡居民人均消费支出对比表

年份	城镇居民人均消费支出(元)	农村居民人均消费支出(元)	差　额	比　值
1978	311.2	116.1	195.1	2.68
1980	412.4	162.2	250.2	2.54
1981	456.8	190.8	266.0	2.39
1982	471.0	220.2	250.8	2.14
1983	505.9	248.3	257.6	2.04
1984	559.4	273.8	285.6	2.04
1985	673.2	317.4	355.8	2.12
1986	799.0	357.0	442.0	2.24
1987	884.4	398.3	486.1	2.22
1988	1104.0	476.7	627.3	2.32
1989	1211.0	535.4	675.6	2.26
1990	1278.9	584.6	694.3	2.19

续表

年份	城镇居民人均消费支出(元)	农村居民人均消费支出(元)	差　额	比　值
1991	1453.8	619.8	834.0	2.35
1992	1671.7	659.2	1012.5	2.54
1993	2110.8	769.7	1341.1	2.74
1994	2581.3	1016.8	1564.5	2.54
1995	3537.6	1310.4	2227.2	2.70
1996	3919.5	1572.1	2347.4	2.49
1997	4185.6	1617.2	2568.4	2.59
1998	4331.6	1590.3	2741.3	2.72
1999	4615.9	1577.4	3038.5	2.93
2000	4998.0	1670.1	3327.9	2.99
2001	5309.0	1741.1	3567.9	3.05
2002	6029.9	1834.3	4195.6	3.29
2003	6510.9	1943.3	4567.6	3.35
2004	7182.1	2184.7	4997.4	3.29
2005	7943.0	2555.0	5388.0	3.10
2006	8696.6	2829.0	5867.5	3.07
2007	9997.5	3223.9	6773.6	3.10

支出减去农村居民人均消费支出)为 195.1 元。此后一路持续上升,到 2007 年城乡人均消费支出差额已经变为 6773.619 元,见图 2—4。城乡居民消费差距呈现出持续拉大趋势。从两者的比值来看,改革开放三十多年来,城乡居民人均消费支出比呈现波动上扬变化态势。1978—1983 年我国城乡消费支出比呈现下降趋势,1984—1988 年我国城乡居民人均消费支出比逐步上升,之后呈现波浪式上升态势,到 2007 年城乡人均消费支出比为 3.10,与改革开放初期相比甚至有所增加,见图 2—5。

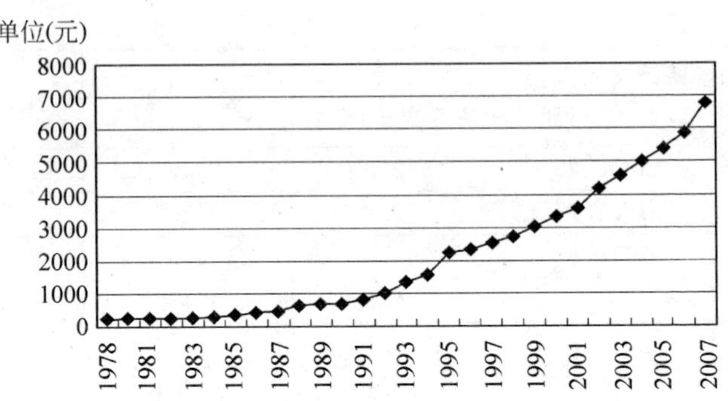

图 2—4 改革开放以来我国城乡人均消费支出差额演变图

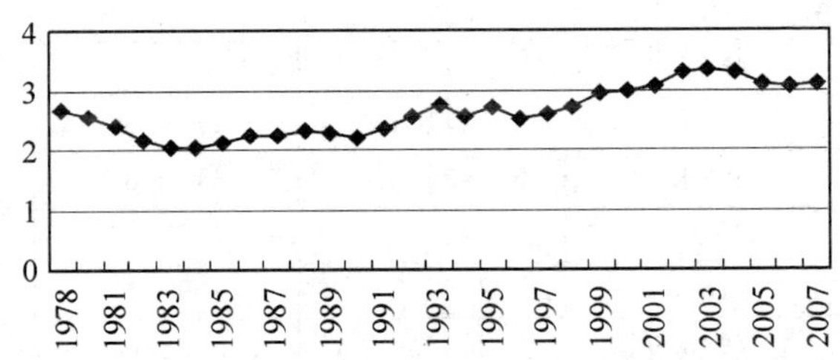

图 2—5 改革开放以来我国城乡人均消费支出比演变图

从消费结构来看：1978 年以来城乡居民消费结构都发生了巨大变化，消费质量和档次都有了较大的提升，现代化的生活方式正悄然走近千家万户。但是不可否认，城乡居民在消费结构上也存在着差距，折射着城乡居民收入的不均等。以国际上常用的恩格尔系数来看，我国农村居民恩格尔系数持续高于城镇居民，农村居民食物支出占总消费支出的比重仍然很高，而城镇居民相对较小。改革之初的 1978 年，我国农村居民恩格尔系数为 67.6%，同期城镇居民的恩格尔系数为 57.5%，之后两者都呈现不断降低的发展态势，到 2007 年我国农村居民家庭恩格尔系数为 43.1%，而城镇居民恩格尔系数为36.3%,农村居民家庭恩格尔系数仍然高于城镇,见表2—4、图2—6。

表2—4 改革开放以来我国城乡居民恩格尔系数对比表

年份	城镇居民	农村居民
1978	57.5	67.7
1980	56.9	61.8
1985	53.3	57.8
1990	54.2	58.8
1991	53.8	57.6
1992	53.0	57.6
1993	50.3	58.1
1994	50.0	58.9
1995	50.1	58.6
1996	48.8	56.3
1997	46.6	55.1
1998	44.7	53.4
1999	42.1	52.6
2000	39.4	49.1
2001	38.2	47.7
2002	37.7	46.2
2003	37.1	45.6
2004	37.7	47.2
2005	36.7	45.5
2006	35.8	43.0
2007	36.3	43.1

总的来看,我国城乡居民在消费总额、消费结构等方面都存在着较大的差距,城镇居民的消费水平远高于农村居民。消费差距是收入差距的映射,是收入差距的必然反映,也是客观衡量收入差距的重要指标。通过比较我们也能发现,城乡收入差距和消费差

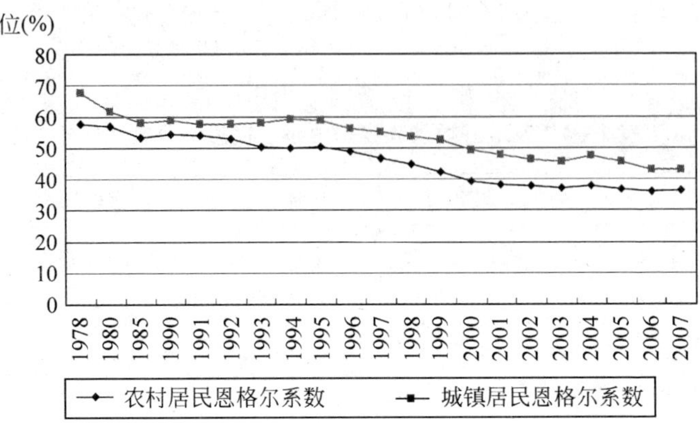

图 2—6　改革开放以来我国城乡居民恩格尔系数演变图

距从实证上看确实也有着较为相同的路径。改革开放以来我国城乡居民收入差距呈现出拉大的态势。

3. 城乡各自内部的收入差距

我们依然用基尼系数来说明城乡各自内部的收入差距，这需要分别测算城市居民收入基尼系数和农村居民收入基尼系数。城镇居民的收入分组数据来源于国家统计局《中国统计年鉴》，农村居民的分组数据来源于《中国农村住户调查年鉴》。但要指出的是《中国农村住户调查年鉴》给出了 20 分组的收入数据，而《中国统计年鉴》只给出了 7 分组数据，这样使得我们对农村居民收入基尼系数的测算在精度上要高于城镇。

在方法上，我们选取洪兴建(2008)的基尼系数测算方法来对城市居民收入基尼系数、农村居民收入基尼系数的估算。其公式为：

$$G=\frac{2}{\mu}\left[\operatorname{cov}\left(x_i,\left(\sum_{j=1}^{i}p_j-\frac{p_i}{2}\right)\right)\right]$$

其中,G 为基尼系数,μ 为全体居民(全体城市居民或全体农村居民)收入的均值,x_i 为第 i 组的人均收入,p_i 为第 i 组人口占总人口份额。

然而根据洪兴建(2008)的分析,依据分组数据计算的基尼系数与实际基尼系数还是存在一定的差距,一般要小于实际的基尼系数。因此有必要用范围估计来代替数值估计,以使得测算的结果更符合实际。从这个意义上讲,我们估算的基尼系数是范围估计中的下限,我们只需要给出上限即可得到基尼系数的范围。在具体的操作中,由于我国城镇和农村收入数据存在着各自的特点,在范围估计上运用的方法也有所出入。我国城镇居民收入基尼系数的上限为:

$$G_U=G_L+\frac{P_1^2}{\mu}\frac{x_1(x_2-x_1)}{x_2}+\frac{1}{\mu}\sum_{i=2}^{k-1}p_i^2\ \frac{(x_i-x_{i-1})(\mu_{i+1}-\mu_i)}{x_{i+1}-x_{i-1}}+\frac{1}{\mu}p_k^2(x_k-x_{k-1})$$

其中 G_L 为基尼系数下限,G_U 为基尼系数上限,μ 为全体城镇居民收入的均值,k 为居民收入数据分组数,p_i 为第 i 组人口占总人口的比重。

农村居民收入基尼系数的上限为:

$$G_U=G_L+\frac{1}{\mu}\sum_{i=1}^{k-1}\ p_i^2\ \frac{(x_i-a_{i-1})(a_i-x_i)}{a_i-a_{i-1}}+\frac{1}{\mu}p_k^2(x_k-a_{k-1})$$

其中 G_L 为基尼系数下限,G_U 为基尼系数上限,μ 为全体农村居民收入的均值,a_{i-1} 为第 i 组收入的下限,a_i 为第 i 组收入的上限,

k 代表居民收入分组数，p_i 为第 i 组人口占总人口的比重。

根据以上基尼系数估算方法，得出了我国城镇居民收入基尼系数和农村居民收入基尼系数，具体见表 2—5、2—6。

表 2—5 改革开放以来我国城镇居民收入基尼系数

年　　份	基尼系数下限	基尼系数上限
1986	0.16	0.18
1987	0.16	0.18
1988	0.17	0.19
1989	0.18	0.19
1990	0.17	0.19
1991	0.16	0.18
1992	0.18	0.20
1993	0.20	0.22
1994	0.21	0.23
1995	0.20	0.22
1996	0.20	0.22
1997	0.22	0.24
1998	0.23	0.25
1999	0.23	0.26
2000	0.25	0.27
2001	0.26	0.28
2002	0.31	0.33
2003	0.31	0.34
2004	0.32	0.35
2005	0.33	0.36
2006	0.32	0.36
2007	0.32	0.35

表 2—6　改革开放以来我国农村居民收入基尼系数

年　　份	基尼系数下限	基尼系数上限
1980	0.25	0.26
1985	0.29	0.30
1990	0.30	0.31
1999	0.34	0.34
2000	0.35	0.36
2001	0.36	0.37
2002	0.37	0.38
2003	0.37	0.39
2004	0.36	0.38
2005	0.35	0.38
2006	0.35	0.39

从中我们可以看出：

(1) 改革开放以来，我国城镇居民收入基尼系数和农村居民收入基尼系数总体都较改革初期有了较大的增加。城镇居民收入基尼系数从 1986 年的 0.16 上升为 2007 年的 0.32，农村居民收入基尼系数从 1980 年的 0.25 上升为 2006 年的 0.35。这客观地反映了我国改革开放以来收入差距拉大的现实。

(2) 我国城镇居民收入基尼系数增长态势明显，近年来增长放缓并呈现出下降态势。具体来看，在 1991—1994 年、1996—2003 年两个时段上增速尤为突出。1991 年我国城镇居民基尼系数为 0.16，到 1994 年已经发展到 0.21，1996 年我国城镇居民基尼系数为 0.20，到 2003 年已经达到 0.31。2001—2002 年是增长幅度最大的时期，从 0.26 增长到 0.31。2002 年之后我国城镇居民收入基尼系数增速放缓，并在 2005 年以来有轻微下降，见图 2—7。

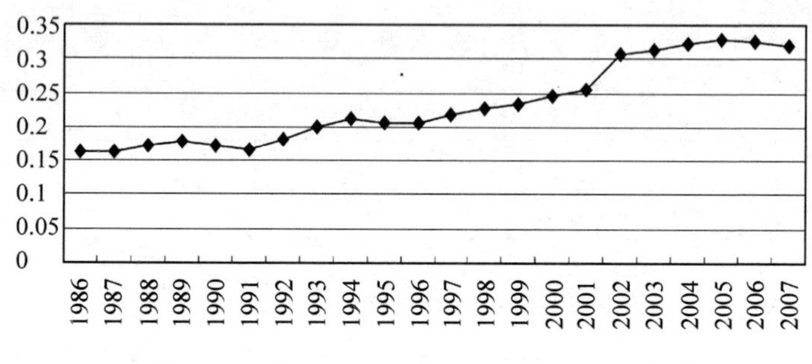

图 2—7　我国城镇居民收入基尼系数演变图

(3) 我国农村居民收入基尼系数经历了先升后降的变化。1980—2003 年我国农村居民基尼系数迅速上升，从 1980 年的 0.25 上升为 2003 年的 0.37。但是在 2003 年之后又开始不断回落，2006 年降为 0.35，见图 2—8。

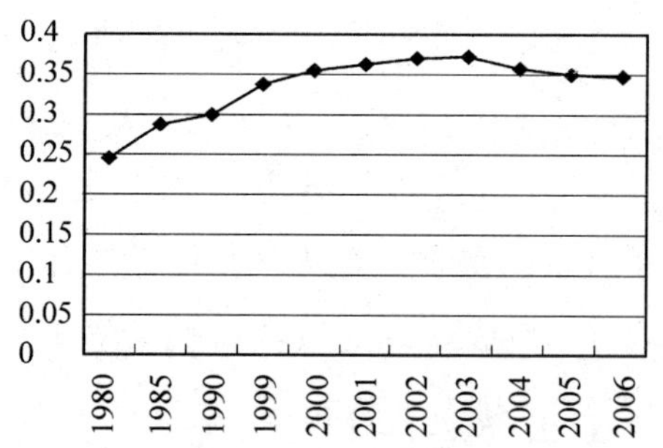

图 2—8　我国农村居民收入基尼系数演变图

(4) 我国农村居民收入基尼系数长期高于城镇居民收入基尼系数。无论是改革开放初期还是在 2006 年，我国农村居民的收入基尼系数持续高于城镇居民收入基尼系数。2006 年农村居民收入基尼系数为 0.35,而城镇居民收入基尼系数为 0.32。但应该看到我国城乡居民基尼系数的差距正在缩小,1990 年两者之间的差值为 0.17,到 2006 年两者的差距已经缩小为 0.02,见图 2—9。

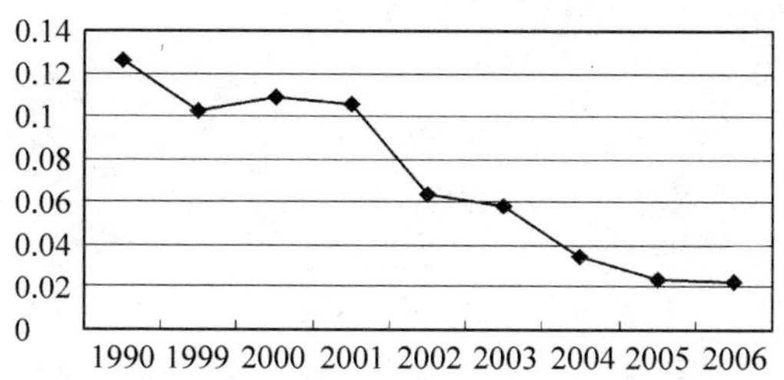

图 2—9 20 世纪 90 年代以来我国城乡居民收入基尼系数差值演变图

4. 我国居民地区收入差距

地区收入差距是我国居民收入差距的一个重要方面,客观上,由于发展条件、政策倾斜等方面的差异,我国居民地区间收入差距逐步拉大。我们分别用极差和泰尔指数来测算。

(1) 我国居民地区收入极差状况

居民地区收入极差是指我国各地区居民收入数据组中,最高收入与最低收入的差值。我们根据国家统计局《中国统计年鉴》公布的各地区农村居民的人均纯收入和城镇居民的人均可支配收入,用人均收入乘以人口数,分别计算各地区农村居民总收入与城市居民总可支配收入,二者的和除以本地区人口数,计算出各地区的人均收入,然后最高的地区人均收入减去最低的地区人均收入就可以得到我国居民地区收入极差。如表 2—7 所示。

表 2—7 改革开放以来我国地区居民收入极差

年份	最高值(元)	最低值(元)	差值(元)	比 值
1978	376.55	127.59	248.95	2.95
1979	429.94	154.59	275.35	2.78
1980	538.31	181.69	356.62	2.96
1981	556.98	204.39	352.59	2.73
1982	608.44	220.48	387.96	2.76
1983	656.21	265.16	391.05	2.47
1984	815.00	293.25	521.74	2.78
1985	971.76	363.41	608.34	2.67
1986	1161.97	384.03	777.94	3.03
1987	1300.67	433.34	867.33	3.00
1988	1572.50	471.34	1101.16	3.34
1989	1826.09	542.96	1283.13	3.36
1990	2014.97	624.13	1390.84	3.23
1991	2332.32	651.70	1680.62	3.58
1992	2770.18	753.07	2017.11	3.68
1993	3969.61	905.18	3064.42	4.39
1994	5531.02	1197.77	4333.25	4.62
1995	7083.77	1404.90	5678.87	5.04
1996	8066.65	1659.59	6407.06	4.86
1997	8390.51	1781.08	6609.43	4.71
1998	8725.57	1923.17	6802.40	4.54
1999	10870.73	2516.17	8354.56	4.32
2000	11649.05	2272.14	9376.91	5.13
2001	12806.05	2379.78	10426.28	5.38
2002	13207.27	2571.85	10635.42	5.14
2003	14817.44	2804.24	12013.20	5.28
2004	16626.47	3193.35	13433.13	5.21
2005	17510.57	3562.98	13947.59	4.91
2006	19365.10	3943.06	15422.04	4.91
2007	22099.70	4719.16	17380.55	4.68

从表中我们看出,改革开放以来我国地区居民人均收入极差持续扩大。1978 年我国所有地区中居民最高人均年收入为 376.54 元,最低为 127.59 元,两者差值 248.95 元,最高最低收入比 2.95 ∶ 1。到 2007 年我国所有地区中最高人均年收入为 22099.70 元,最低为 4719.16 元,两者差值扩大为 17380.54 元,最高最低收入比也增长为 4.68 ∶ 1。从变化路径来看,1991 年以来我国居民地区收入极差明显迅速拉大,见图 2—10。从地区居民年收入最高最低比值来看,改革开放以来该比值总体呈现出波动拉大的态势,但近几年来该比值有所缩小,见图 2—11。

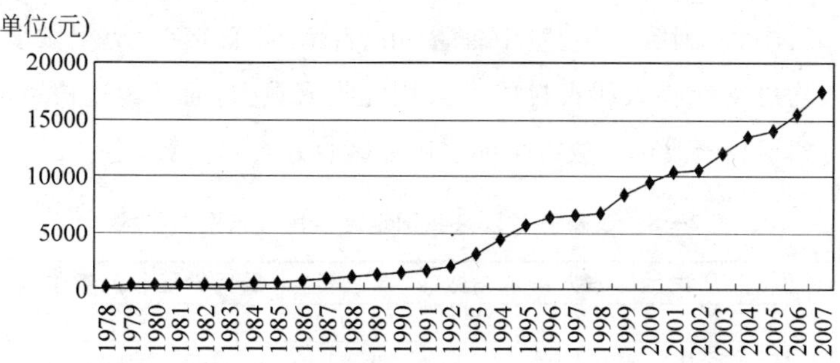

图 2—10 改革开放以来我国地区居民收入极差演变图

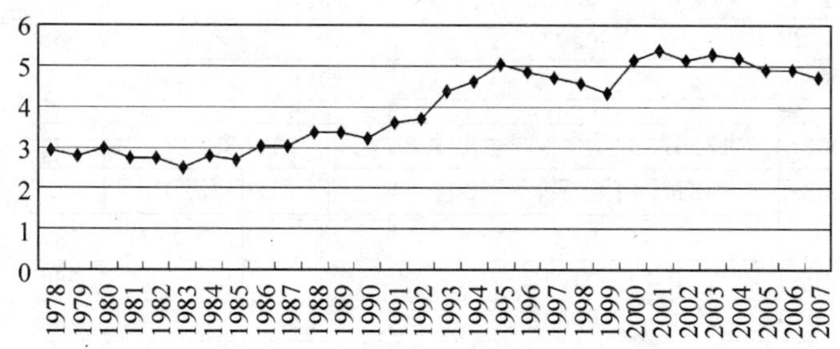

图 2—11 改革开放以来我国地区居民最高最低收入比演变图

（2）居民地区收入的泰尔指数

用极差来衡量收入差距能说明一定的问题，但是其信息量较少，不能反映整体的分布状况。泰尔指数不仅能有效衡量收入之间的不平等，还能有效分解出组内差距和组间差距对总差距的贡献，又能和基尼系数相互补充。故我们选用泰尔指数来进一步分析。泰尔指数计算公式如下：

$$L=\frac{1}{N}\sum_{i=1}^{N}\ln\frac{\mu}{x_i}$$

其中，L 是居民地区收入泰尔指数，N 是地区个数，μ 是所有地区人均收入的均值，x_i 是地区 i 的人均收入。

运用《中国统计年鉴》中各省（市、自治区、直辖市）历年城镇居民人均可支配收入和农村居民人均纯收入数据，通过转化核算，我们得到了我国改革开放以来的居民地区收入泰尔指数，见表 2—8。

表 2—8　改革开放以来我国地区居民收入泰尔指数

年　份	居民地区收入泰尔指数	年　份	居民地区收入泰尔指数
1978	0.062	1993	0.078
1979	0.050	1994	0.080
1980	0.050	1995	0.082
1981	0.039	1996	0.075
1982	0.035	1997	0.070
1983	0.033	1998	0.068
1984	0.032	1999	0.072
1985	0.033	2000	0.092
1986	0.040	2001	0.096
1987	0.043	2002	0.088
1988	0.045	2003	0.089
1989	0.052	2004	0.088
1990	0.049	2005	0.096
1991	0.059	2006	0.097
1992	0.063	2007	0.089

从中可以看出,改革开放以来我国居民地区收入泰尔指数呈现出波动上扬的趋势。1978—1985 年居民地区收入泰尔指数呈现出下降的趋势,1985—1995 年出现一个长期持续的上升,之后 1995—1998 年、1998—2001 年、2001—2004 年、2004—2006 年分别呈现出下降上升交替进行的态势。但总体上看,1995 年以来我国居民地区收入泰尔指数有一个提升,居民地区收入差距扩大,见图 2—12。

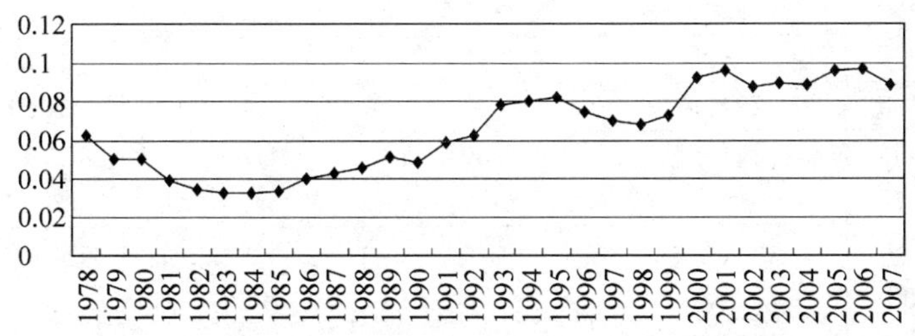

图 2—12　改革开放以来我国地区居民收入泰尔指数演变图

5. 我国居民行业收入差距

“男怕选错行,女怕嫁错郎”,这句俗语道出了行业对居民收入的影响。改革开放以来,受各行业发展水平、体制改革、行业管制等方面的影响,我国居民行业间收入逐步扩大。目前,巨大的行业收入差距已经成为社会关注的焦点。我们仍然用极差和泰尔指数来衡量。

(1) 我国居民行业收入极差状况

我们使用《中国统计年鉴》公布的各行业平均工资数据作为居民行业收入,计算结果如表 2—9 所示。

表 2—9 改革开放以来我国居民行业收入极差

年 份	最高值(元)	最小值(元)	极差(元)	比 值
1978	850	392	458	2.17
1980	1035	475	560	2.18
1985	1406	777	629	1.81
1989	2378	1389	989	1.71
1990	2718	1541	1177	1.76
1991	2942	1652	1290	1.78
1992	3392	1828	1564	1.86
1993	4320	2042	2278	2.12
1994	6712	2819	3893	2.38
1995	7843	3522	4321	2.23
1996	8816	4050	4766	2.18
1997	9734	4311	5423	2.26
1998	10633	4528	6105	2.35
1999	12046	4832	7214	2.49
2000	13620	5184	8436	2.63
2001	16437	5741	10696	2.86
2002	19135	6398	12737	2.99
2003	32244	6969	25275	4.63
2004	34988	7611	27377	4.60
2005	40558	8309	32249	4.88
2006	44763	9430	35333	4.75
2007	49435	11086	38349	4.46

从中可以看出,改革开放以来我国居民行业收入极差呈现出不断拉大的发展态势。1978 年我国所有行业中最高人均年收入为 850 元,最低为 392 元,两者差值 485 元,最高最低收入比 2.17∶1。到 2007 年我国所有行业中最高人均年收入为 49435 元,最低为 11086 元,两者差值扩大为 38349 元。最高最低收入比也增长为

4.46∶1。从变化路径来看,1995年以来我国居民行业收入极差明显迅速拉大,差值迅速上升,见图2—13。

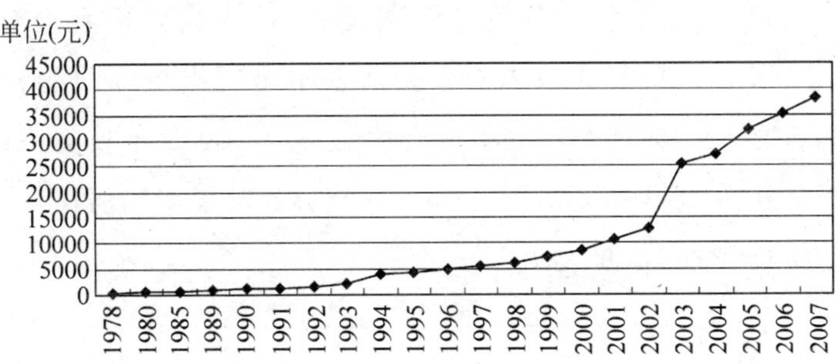

图2—13 改革开放以来我国居民行业收入极差演变图

(2) 我国居民行业收入泰尔指数

运用以上数据我们计算出我国居民行业收入泰尔指数如表2—10所示。

表2—10 改革开放以来我国居民行业收入泰尔指数

年份	居民行业收入泰尔指数	年份	居民行业收入泰尔指数
1978	0.016	1997	0.024
1980	0.015	1998	0.023
1985	0.012	1999	0.026
1989	0.008	2000	0.028
1990	0.009	2001	0.032
1991	0.010	2002	0.034
1992	0.011	2003	0.051
1993	0.015	2004	0.052
1994	0.021	2005	0.056
1995	0.019	2006	0.059
1996	0.020	2007	0.061

从中可以明显地看出，改革开放以来我国居民行业工资差距呈现出扩大的趋势。1978 年我国居民行业收入泰尔指数仅仅为 0.016，到 2007 年该指数值已经达到 0.061。具体来看，1978—1989 年我国居民行业收入泰尔指数基本呈现出下降的趋势，从 1989 年起该指数基本确立了上升的态势，除 1995 年较前一年有所下降外，一路上扬，见图 2—14。这充分反映了我国居民行业收入差距拉大的变化态势。

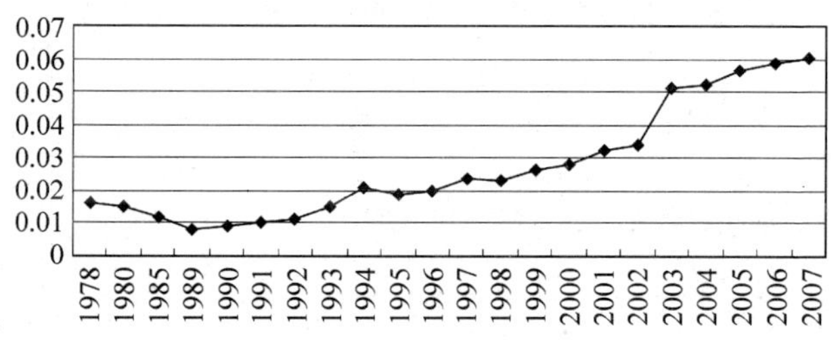

图 2—14　改革开放以来我国居民行业收入泰尔指数演变图

6. 小结

总的来看，改革开放以来我国居民收入差距呈现出逐渐拉大的发展态势。我国居民收入基尼系数早已突破 0.4 的“警戒线”，从国际比较来看我国基尼系数处于偏高位置，收入差距显得较大。在总的收入差距拉大的环境下，收入差距的结构性问题也凸显了出来，城乡之间差额持续扩大、地区之间收入极差和泰尔指数波动上扬、行业之间收入极差和泰尔指数持续上扬。可以说，城乡间收入差距、地区间收入差距和行业间收入差距是我国居民收入差距扩大的核心。单就城乡收入差距而言，城乡间收入差距拉大是不争的事实，但是，从城乡各自内部来看，农村居民的收入差距要比城镇严重,表现为我国农村居民收入基尼系数长期高于城镇居民收入基尼系数。特别是,近年来我国城镇居民收入基尼系数和农村居民基尼系数均在近年出现了缩小趋势,这意味着在我国城乡间收入差距扩大的同时,城乡内部收入差距出现了积极的、逆势的缩小。这需要引起我们的关注。

2.2　我国居民收入差距分解

我国居民收入差距扩大是不争的事实,前文的各项测算充分显示了这一状况。我们不仅要正视这一事实,更重要的是要分析造成这一事实的原因,从中探寻解决之道。这就需要我们对收入差距进行分解。我们采用收入来源分解方法,分别对居民总收入差异和收入基尼系数进行分解。

1. 我国居民总收入的分解

我们选用夏洛克斯分解方法对我国居民总收入差异进行分解。其具体的分解技术如下:假定 Y_i 表示第 i 个个体的总收入,它是个体 i 各种收入的总和;Y_{ik} 表示个体 i 来自第 k 种收入来源的收入。因此可得:

$$Y_i = \sum_k Y_{ik}$$

假定共存在 N 个居民,则 $i=1,2,\cdots,N$;$Y=(Y_1,Y_2,\cdots,Y_N)$;$Y_k=(Y_{1k},Y_{2k},\cdots,Y_{Nk})$。

按照夏洛克斯分解方法,在满足六个条件的情况下,可以分解出第 k 种收入来源对总收入不平等的贡献:

$$S_k = \frac{\mathrm{cov}(Y_K, Y)}{\sigma^2(Y)}$$

数据方面，从国家统计局《中国统计年鉴》我们可以分别得到城镇居民和农村居民收入来源的情况。我国城镇居民的总收入被分为工薪收入、经营净收入、财产性收入、转移性收入四种，可得到的数据为 2002—2007 年。我国农村居民总收入则被分为劳动者报酬(部分年份为工薪性收入)、家庭经营收入、转移性收入和财产性收入，可得数据范围为 1993—2007 年。

(1) 农村居民收入分解

从分解结果(见表 2—11、图 2—15)可以看出：劳动者报酬或工薪性收入对我国农村居民总收入差异的贡献长期大约维持在 0.6—0.8 的范围之内，这是导致居民总收入差异的最主要原因。1993—1999 年劳动者报酬或工薪性收入对居民总收入差异的贡献直线上涨，贡献度从 0.6636 一直上涨到 0.8001。1999—2003 年该贡献度维持在 0.8 上下，2003 年开始又有所回落，到 2007 年下降为 0.7544。家庭经营收入是导致农村居民收入差异的第二大因素，但是该因素的作用却在不断降低，1993—2007 年家庭经营收入对农村居民收入差异的贡献度从 0.2826 一路下滑到 0.0734。转移性收入是影响收入差异的第三个重要因素，该因素的贡献度是不断增长的，1993—2007 年转移性收入对农村居民收入差异的贡献度从 0.0350 一直上涨到 0.0946。2005 年以来，该因素对农村居民收入差异的影响已经超过了家庭经营收入，成为影响收入差异的第二大因素。财产性收入对收入差异的贡献度虽然不大，但也呈现出不断扩大的趋势。1993 年该指标的贡献度仅为 0.0188，到 2007 年已经增长到 0.0776，超过了同期家庭经营收入的贡献度。

表 2—11 我国农村居民收入分解结果

年份	劳动者报酬或工资性收入对纯收入差异的贡献份额*	家庭经营收入对纯收入差异的贡献份额	转移性收入对纯总收入差异的贡献份额	财产性收入对纯收入差异的贡献份额
1993	0.6636	0.2826	0.0350	0.0188
1994	0.6863	0.2490	0.0414	0.0233
1995	0.6882	0.2341	0.0456	0.0321
1996	0.7279	0.2055	0.0366	0.0299
1997	0.7535	0.1818	0.0357	0.0290
1998	0.7797	0.1505	0.0383	0.0315
1999	0.8001	0.1227	0.0495	0.0278
2000	0.7945	0.1307	0.0449	0.0299
2001	0.8075	0.1145	0.0459	0.0321
2002	0.8138	0.0855	0.0526	0.0481
2003	0.8026	0.0903	0.0567	0.0504
2004	0.7836	0.0969	0.0615	0.0580
2005	0.7805	0.0755	0.0778	0.0662
2006	0.7658	0.0769	0.0864	0.0710
2007	0.7544	0.0734	0.0946	0.0776

注:本表数据为作者自行计算的结果。其中,纯收入指农村住户当年从各个来源得到的总收入扣除所发生的费用后的收入总和,它主要用于再生产投入和当年生活消费支出,也可用于储蓄和各种非义务性支出。按收入的性质划分,农民纯收入被分为工资性收入、家庭经营收入、财产性收入和转移性收入。工资性收入指农村住户成员受雇于单位或个人,靠出卖劳动而获得的收入。家庭经营收入指农村住户以家庭为生产经营单位进行生产筹划和管理而获得的收入。农村住户家庭经营活动按行业划分为农业、林业、牧业、渔业、工业、建筑业、交通运输业、邮电业、批发和零售贸易餐饮业、社会服务业、文教卫生业和其他家庭经营。财产性收入指金融资产或有形非生产性资产的所有者向其他机构单位提供资金或将有形非生产性资产供其支配,作为回报而从中获得的收入。转移性收入指农村住户和住户成员无须付出任何对应物而获得的货物、服务、资金或资产所有权等,不包括无偿提供的用于固定资本形成的资金,一般情况下,是指农村住户在二次分配中的所有收入。

* 2000 年开始为工资性收入。

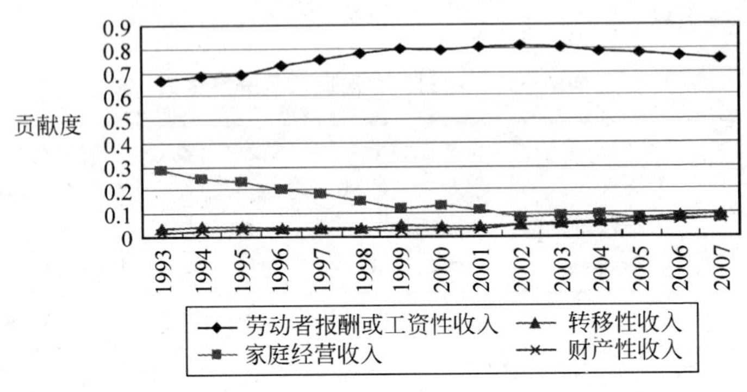

图 2—15 我国农村居民收入分解图

(2) 城镇居民收入分解

从分解结果(见表 2—12、图 2—16)来看:2002—2007 年工薪收入仍然决定着城镇居民的收入差异。工薪收入对总收入贡献度维持在 0.7 左右,有显著变化的是在 2002—2003 年从 0.6714 上涨到了 0.7145。转移性收入对城镇居民收入差异的贡献度位居第二。除 2002—2003 年从 0.2874 下降到 0.2347 之外,基本维持在 0.23 左右。经营净收入是影响城镇居民收入差异的第三大因素,2002 年该因素对城镇居民总收入的差异贡献度为 0.0303,到 2007 年该因素的贡献度已经上涨到 0.0530。财产性收入对总收入差异的贡献度最小,但是 2002—2007 年该贡献度也呈现出上涨势头,从 2002 年的 0.0110 上涨到 2007 年的 0.0370。

综合来看,工薪收入(在农村居民收入分解中叫劳动者报酬或工资性收入)是影响我国城乡居民收入差异的最主要的因素。无论是对城镇居民还是对农村居民来讲,工薪收入主导着人们的收

表 2—12　我国城镇居民收入分解结果

年份	工薪收入对可支配收入差异的贡献份额	经营净收入对可支配收入差异的贡献份额	财产性收入对可支配收入差异的贡献份额	转移性收入对可支配收入差异的贡献份额
2002	0.6714	0.0303	0.0110	0.2874
2003	0.7145	0.0328	0.0179	0.2347
2004	0.7085	0.0259	0.0185	0.2471
2005	0.6958	0.0354	0.0244	0.2444
2006	0.7004	0.0382	0.0287	0.2327
2007	0.6818	0.0530	0.0370	0.2282

注:本表数据为作者自行计算的结果。表中城镇家庭可支配收入指家庭成员得到可用于最终消费支出和其他非义务性支出以及储蓄的总和,即居民家庭可以用来自由支配的收入。它是家庭总收入扣除缴纳的个人所得税、个人交纳的社会保障支出以及记账补贴后的收入,由家庭成员得到的工薪收入、经营净收入、财产性收入、转移性收入共同构成。

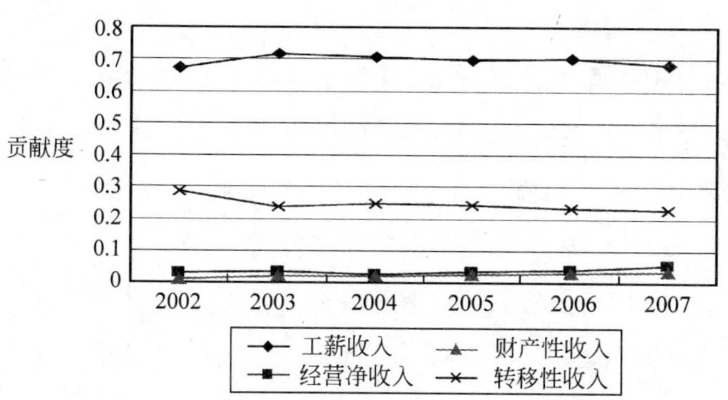

图 2—16　我国城镇居民收入分解图

入差异,其他三种收入对居民收入差异有着不同程度的影响,但无法动摇工薪收入的绝对主导地位。就经营净收入来讲,它对农村居民收入的影响要大于对城镇居民的影响。转移性收入在城镇居民收入差异中的贡献度要高于农村，而财产性收入无论对城镇居民还是对农村居民的收入差异中贡献度都不高。值得一提的是，从目前的数据来看，转移性收入和财产性收入在城乡居民收入差异中的贡献度呈现出不断上升的趋势。

2. 我国居民基尼系数的分解

我们借鉴了洪兴建(2008)的方法，根据其基尼系数的收入来源分解方法，第 k 种收入来源对基尼系数的贡献份额：

$$s_k = \frac{\mu_k}{\mu}\frac{G'_k}{G}$$

其中 s_k 代表第 k 种收入来源在基尼系数中的贡献份额，μ_k 代表第 k 种收入来源的均值，G'_k 代表第 k 种收入来源的集中指数，G 代表收入基尼系数。

在具体的数据来源方面，全国城乡收入基尼系数是我们前文根据国家统计局数据计算而得；各种收入来源的数据主要来源于国家统计局《中国统计年鉴》，其中农村居民数据时间范围为1998—2007 年，城镇居民数据时间范围为 2002—2007 年。

(1) 农村居民收入基尼系数分解

从分解结果(见表 2—13、图 2—17)来看：劳动者报酬或工资性收入对农村居民收入基尼系数的贡献最大。1998—2007 年其贡献度基本维持在 0.6 以上，在波动起伏中基本维持稳定。家庭经营收入对农村居民收入基尼系数的贡献处于第二位，但是贡献度正在不断降低。1998 年家庭经营收入对基尼系数的贡献度为0.5984，其后不断下降。除 2002 年、2003 年小有回升外，到 2007 年

表 2—13 我国农村居民收入基尼系数分解结果

年份	劳动者报酬或工资性收入的贡献*	家庭经营收入的贡献	财产性收入的贡献	转移性收入的贡献
1998	0.5984	0.3828	0.0259	0.0281
1999	0.6047	0.3529	0.0273	0.0423
2000	0.6241	0.3367	0.0370	0.0380
2001	0.6422	0.3239	0.0353	0.0376
2002	0.6482	0.3056	0.0426	0.0424
2003	0.6106	0.3200	0.0484	0.0390
2004	0.6062	0.3141	0.0609	0.0493
2005	0.6456	0.2732	0.0636	0.0612
2006	0.6328	0.2726	0.0644	0.0655
2007	0.6257	0.2676	0.0740	0.0649

注:本表数据为作者自行计算的结果。

* 2000 年后为工资性收入。

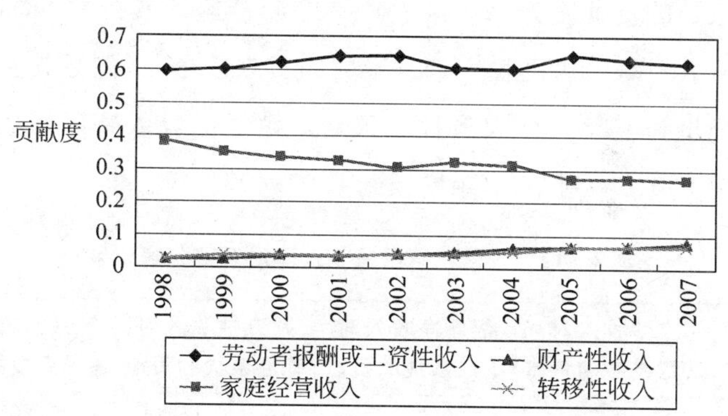

图 2—17 我国农村居民收入基尼系数分解图

其贡献度已经降低至 0.2676。财产性收入和转移性收入虽然对农村居民收入基尼系数的贡献比较低,但呈现出不断上涨的趋势。1998—2007 年财产性收入对农村居民收入基尼系数的贡献度从

0.0259 上涨到 0.0740，而转移性收入对基尼系数的贡献度也从 0.0281 上涨到了 0.0649。

(2) 城镇居民收入基尼系数分解

基于对数据(表 2—14、图 2—18)的分析，工薪收入仍然是影响城镇居民收入基尼系数的决定性因素，2002—2007 年工薪收入对城镇居民收入基尼系数的贡献度一直维持在 0.8 以上，虽然总体上呈现出一定的下降趋势。转移性收入是影响城镇居民收入基尼系数的第二大主要因素，2002—2007 年转移性收入对城镇居民收入基尼系数的贡献度一直维持在 0.18—0.20 的范围之内，变化不大。经营净收入是影响城镇居民收入基尼系数的第三大因素，2002—2007 年该因素的作用不断增强，2002 年其对城镇居民收入基尼系数的贡献度为 0.0258，到 2007 年已经增长到 0.0851。财产性收入对城镇居民收入基尼系数的贡献度最小，但是其贡献也在不断增强。2002 年财产性收入对城镇居民收入基尼系数的贡献度为 0.0165，到 2007 年增长到了 0.0497。

表 2—14 我国城镇居民收入基尼系数分解结果

年份	工薪收入对基尼系数的贡献	经营净收入对基尼系数的贡献	财产性收入对基尼系数的贡献	转移性收入对基尼系数的贡献
2002	0.8572	0.0258	0.0165	0.2091
2003	0.8800	0.0331	0.0245	0.1887
2004	0.8635	0.0351	0.0261	0.2098
2005	0.8310	0.0648	0.0332	0.2037
2006	0.8123	0.0714	0.0409	0.2099
2007	0.8062	0.0851	0.0497	0.1960

注：本表数据为作者自行计算的结果。

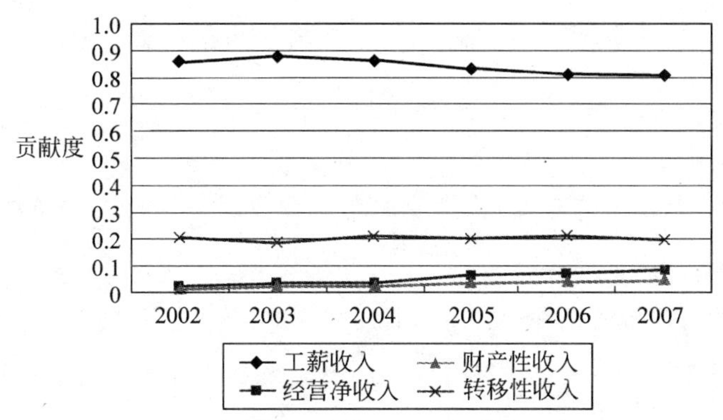

图 2—18 我国城镇居民收入基尼系数分解图

综合来看,工薪收入(在农村居民收入分解中叫劳动者报酬或工资性收入)仍然是影响我国城乡居民基尼系数的最主要的因素。尤其对于城镇居民,工薪收入对基尼系数的影响达到了 80%以上。其他三种收入对城乡居民基尼系数的贡献度要远远小于工薪收入,无法动摇工薪收入的决定性地位。从短期来看工薪收入对收入基尼系数的影响尚未呈现出大幅下降的趋势。经营性收入对农村居民收入基尼系数的影响要大于对城镇居民基尼系数的影响,但对农村居民收入基尼系数的影响呈现出明显的下降趋势,而对城镇居民收入基尼系数的影响却呈现出明显的上升趋势。转移性收入对居民收入基尼系数的贡献度基本维持在第三位,但对于城乡的影响是有差别的,转移性收入对农村居民收入基尼系数的贡献明显上升,而对城镇居民收入基尼系数的影响基本维持在一定的水平上。财产性收入无论在城镇还是农村其对总体居民收入基尼系数的贡献都不大,但是均呈现出明显的上升势头。

2.3 人力资本在我国当前居民收入差距扩大中的重要作用

1. 从历史考察看,人力资本是影响我国居民收入差距扩大的重要因素

前文我们运用相关方法对 1998—2007 年间我国居民总体收入差距和 2002—2007 年间我国居民收入基尼系数进行了分解,从分解结果可以看出,工薪收入(在农村居民收入分解中叫劳动者报酬或工资性收入)对我国居民收入差距有着决定性的影响,对农村居民总收入差异的贡献在 80%左右,对城市居民总收入差异的贡献在 70%左右,对农村居民收入基尼系数的贡献为 60%左右,对城镇居民收入基尼系数的贡献在 80%以上。所谓工薪收入就是居民受雇于单位或个人,靠出卖劳动而获得的收入。从马克思的观点来看,工资是劳动力价值的转化形式。劳动力是人力资本的内核和基础,由投资形成的高级劳动力就是人力资本(焦斌龙,2000),劳动力价值是人力资本价值的主要部分(冯子标,2000)。因此,工薪收入事实上就是人力资本价值。从工资形成理论看,尽管工资受行业性质、社会发展阶段、历史、制度等因素的影响,但劳动者拥有的人力资本是工资的决定性因素这一点已经得到广泛的认同,成为工资形成理论的基础。特别是,随着社会的发展,分工越来越细,专业化程度越来越高,知识、技能等人力资本要素将发挥越来越大的作用,对工资的贡献越来越大。因此,工薪收入对我国居民收入差距的影响事实上就是人力资本对我国居民收入差距影响的主要方面。

人力资本对居民收入差距的影响虽是多方面的,但受国家统计局对收入来源分类的限制,似乎更多的体现在工薪收入方面。事实上,经营性收入也包含了人力资本的影响。根据国家统计局对经营性收入的界定,家庭经营收入指农村住户以家庭为生产经营单位进行生产筹划和管理而获得的收入,农户开展经营活动是以其管理型人力资本为依托的,农户的家庭经营收入和城镇居民的经营净收入也应该纳入到人力资本为居民带来的收入范围中。如果将工薪收入和经营性收入合在一起,那么人力资本对居民收入的影响将进一步提高。以对基尼系数的影响为例,2007 年劳动者报酬和家庭经营收入对农村居民基尼系数的贡献达到了 89.33%,工薪收入和经营净收入对城镇居民基尼系数的贡献也达到了 89.13%。从以上分析可以看出,人力资本是影响我国居民收入差距的重要因素。

2. 从当前状况看,与人力资本相关的收入差距问题成为社会关注的焦点

自 2000 年以来,居民收入差距扩大就开始引起人们的关注,但收入差距还处于警戒线之内,人们更多地将其归因于市场经济发展的结果。当时我国实行的分配原则是 1993 年十四届三中全会通过的《中共中央关于建立社会主义市场经济体制若干问题的决定》中提出的“效率优先,兼顾公平”原则。十六大提出“初次分配注重效率,再分配注重公平”,希望通过再分配缩小收入差距。从我们上文的测算可以看出,2000 年以来转移性收入对农村居民收入基尼系数的贡献是增加的，同期农村居民收入基尼系数先上升后下降，这说明转移支付对缩小农村收入差距发挥了作用。然而，转移性收入对城镇居民收入基尼系数的贡献变化不大。就全国而言，居民收入基尼系数持续增加，说明再分配很难解决我国居民收入差距扩大问题。2005 年党的十六届五中全会提出，要在坚持效率优先兼顾公平的基础上，“更加注重社会公平，使全体人民共享改革发展成果”。党的十七大进一步提出，“初次分配和再分配都要处理好效率和公平的关系，再分配更加注重公平”，首次提出在初次分配过程中也要关注公平。初次分配是指在生产活动中，企业作为分配主体，将国民生产总值在国家、企业、个人之间进行分配，生产要素的提供与报酬支付的关系是最基本的初次分配关系。在市场经济条件下，初次分配关系主要由市场机制形成，生产要素价格由市场供求决定，政府通过法律法规和税收进行调节和规范而不直接干预。十七大提出初次分配也要正确处理效率与公平的关系，不能完全由市场机制决定，政府必须加以调节和规范。做出这个改变是基于我国收入分配当前面临的最为突出的问题：居民收入在国民收入中的比重和劳动报酬在初次分配中的比重过低。我们根据相关数据具体测算，如表 2—15 所示。

表 2—15 我国居民收入占国民收入的比重变化

年份	居民收入(亿元)	国民收入(亿元)	居民收入/国民收入
1978	1647.82	3645.20	0.4520
1979	2015.38	4062.61	0.4961
1980	2436.21	4545.62	0.5359
1981	2794.35	4889.50	0.5715

续表

年份	居民收入(亿元)	国民收入(亿元)	居民收入/国民收入
1982	3315.32	5330.53	0.6220
1983	3758.73	5985.60	0.6280
1984	4420.63	7243.81	0.6103
1985	5065.60	9040.70	0.5603
1986	5814.39	10274.42	0.5659
1987	6549.23	12050.62	0.5435
1988	7870.64	15036.80	0.5234
1989	9060.82	17000.93	0.5330
1990	10334.44	18718.31	0.5521
1991	11302.56	21826.24	0.5178
1992	13184.27	26937.32	0.4894
1993	16415.31	35260.00	0.4656
1994	22407.82	48108.54	0.4658
1995	28624.88	59810.51	0.4786
1996	34439.25	70142.52	0.4910
1997	37950.70	78060.82	0.4862
1998	40550.43	83024.33	0.4884
1999	43743.03	88479.23	0.4944
2000	47044.78	98000.50	0.4800
2001	51797.77	108068.22	0.4793
2002	58046.64	119095.74	0.4874
2003	64525.86	135174.00	0.4774
2004	73373.29	159586.71	0.4598
2005	83246.58	184088.64	0.4522
2006	94310.63	213131.73	0.4425
2007	111980.10	251483.20	0.4453

注:居民收入=(城镇居民人均可支配收入×城镇人口数)+(农村人均纯收入×农村人口数);国民收入采用国家统计局公布的GDP。

表 2—16　我国工资总额占国民收入的比重

年份	工资总额(亿元)	国民总收入(亿元)	工资总额/国民收入
1978	568.9	3645.2	0.1561
1979	646.7	4062.6	0.1592
1980	772.4	4545.6	0.1699
1981	820.0	4889.5	0.1677
1982	882.0	5330.5	0.1655
1983	934.6	5985.6	0.1561
1984	1133.4	7243.8	0.1565
1985	1383.0	9040.7	0.1530
1986	1659.7	10274.4	0.1615
1987	1881.1	12050.6	0.1561
1988	2316.2	15036.8	0.1540
1989	2618.5	17000.9	0.1540
1990	2951.1	18718.3	0.1577
1991	3323.9	21826.2	0.1523
1992	3939.2	26937.3	0.1462
1993	4916.2	35260.0	0.1394
1994	6656.4	48108.5	0.1384
1995	8100.0	59810.5	0.1354
1996	9080.0	70142.5	0.1295
1997	9405.3	78060.8	0.1205
1998	9296.5	83024.3	0.1120
1999	9875.5	88479.2	0.1116
2000	10656.2	98000.5	0.1087
2001	11830.9	108068.2	0.1095
2002	13161.1	119095.7	0.1105
2003	14743.5	135174.0	0.1091
2004	16900.2	159586.7	0.1059
2005	19789.9	184088.6	0.1075
2006	23265.9	213131.7	0.1092
2007	28244.0	251483.2	0.1123

注:1980 年以后国民总收入(原称国民生产总值)与国内生产总值的差额为国外净要素收入。1998 年及以后工资总额为在岗职工工资总额,不包括乡镇企业、私营企业等人员工资,1998 年及以后指数按可比口径计算。

由表2—15、表2—16可以看出,自1983年开始,我国居民收入占国民收入的比重从62.80%经过波动逐步下降到2007年的44.53%,特别是自1999年以来持续下降;工资总额在国民收入中的比重从1998年开始始终维持在11%左右,广大劳动者并没有享受更多改革开放的成果,相对收益反而下降。如前文所述,工资是人力资本的产物,居民收入的大部分也是由人力资本决定。可以说,忽视了人力资本作用就难以解释我国当前的巨大的居民收入差距。

不仅如此,在人们关注实际收入差距的同时,直接影响收入的教育不平等和医疗卫生不平等也成为了社会关注的焦点。城乡之间、不同地区之间教育资源分布的不均衡导致了严重的教育不平等。如北京市、上海市、陕西省作为教育资源集中地区与河南省、湖南省、四川省等教育资源相对不足地区相比,前者各级教育入学率远远高于这些省份。在一省内部,城乡之间教育不平等更为严重,农村各级教育入学率和平均受教育年限远远小于城市。即使在城市内部,优质教育资源过于集中于少数学校,导致重点学校人满为患,借读费持续攀升,一般学校则难以完成招生计划。医疗卫生方面,错误的医疗卫生体制改革方向造成了广大居民"吃不起药,看不起病"之怪现象,医疗卫生资源严重的分布失衡导致大医院人满为患,基层医院门可罗雀,人们的身心健康难有基础性保障。无论是教育不平等,还是医疗卫生不平等,均是人力资本不平等的表现,都以社会问题的方式凸显了人力资本不平等在当前我国居民收入差距拉大中的作用。

3. 从未来发展趋势看，随着经济发展方式的转变，人力资本在经济发展中的作用越来越显著，成为影响经济发展的核心因素，必然对收入分配产生更大的影响

我国经济在经历了三十多年的高速增长之后，开始进入一个新的历史时期，经济发展方式转变成为未来的主旋律。所谓经济发展方式转变是指主要通过科技进步和创新，在优化结构、提高效益和降低能耗、保护环境的基础上，实现包括速度质量效益相协调、投资消费出口相协调、人口资源环境相协调、经济发展和社会发展相协调在内的全面协调，真正做到又好又快的发展。实现经济发展方式转变，科技进步是中心环节，提高劳动力素质是重要条件。劳动力素质提高本身就是人力资本增加，科技进步则完全依赖人力资本，因此，经济发展方式转变从根本上取决于人力资本作用的发挥，经济发展方式转变过程就是要摆脱对资源的高度依赖，发挥人力资本的决定性作用，让人力资本成为影响经济发展的核心因素。随着人力资本在经济发展中核心地位的确立，收入分配自然向人力资本倾斜，人力资本将成为收入分配的主要依据。因此，在未来发展中，人力资本在收入分配中的地位将随着经济发展方式的转变越来越高，人力资本将成为未来影响收入分配差距的主要因素。

3 人力资本与收入分配的作用机制

随着社会的发展,人力资本作为居民获取收入的基础性要素,在决定居民收入方面的作用越来越显著,人力资本已经成为我国居民收入差距的主要因素,那么,人力资本是通过何种方式和机制作用于居民收入就成为我们必须首先解决的重要问题。本章将从人力资本的基本属性出发,通过对人力资本存量效应和结构效应的分析,研究人力资本与收入差距的作用机制。

3.1 人力资本及其特性

1. 人力资本的含义

人力资本概念是由费雪于 1906 年在《资本的性质和收入》一书中首次提出的。[①] 但是,人力资本的思想则要追溯到古希腊时期。古典经济学家配第、马歇尔、斯密等人均对人力资本进行了论述。特别是,斯密是第一个将人力视作资本的经济学家,并将所有社会成员后天获得的有用才能作为固定资本的一部分。沃尔什在费雪研究的基础上,试图测定通过正规教育途径对人进行投资的

---

① Fisher, I., *The Nature of Capital and Income*, New York, Macmillan, 1906, pp. 5-7.

收益率，从而成为第一个运用人力资本概念进行经济分析的经济学家。[①] 但是，由于人力资本将人视为资本，受到社会和理论界的种种诘难，人力资本概念并未得到主流经济学的认可。通常而言，人们以1960年舒尔茨在经济学年会上发表“人力资本投资”的演说，作为人力资本理论诞生的标志，也作为人力资本概念被正式纳入主流经济学的标志。

从历史的角度看，人力资本概念是在传统资本理论中受到严重挑战的情况下提出的，这些挑战包括：①资本—产出比率的下降；②国民收入增长快于生产要素的增加；③大多数工人真实收入的增加；④缺乏资本的“新兴工业国”的兴起；⑤“里昂惕夫之谜”。[②] 舒尔茨认为传统资本理论之所以不能解释这些现象，是由于忽略了一种重要的资本——人力资本。所谓人力资本是指“以较大的技艺、知识等形式体现于一个人身上而不是体现于一台机器上的资本”[③]。更直接地说，“个人具备的才干、知识、技能看作是一种生产出来的生产资料，看作是投资的产物”[④]时，成为人力资本。人力资本具有的经济意义在于，它能够带来未来的货币和心理收入。这些投资活动中，“一些活动主要影响未来的福利，另一些活动主要影响现在。一些活动影响货币收入，而一些影响心

① Walsh, J. R., “Capital Concept Applied to Man”, *Quarterly Journal of Economics*, Vol. 49(2), 1935.

② 厉以宁：“人力资本理论的产生和发展”，载《国外经济学评介》，上海人民出版社1982年版，第45页。

③ 〔美〕舒尔茨：《论人力资本投资》，吴珠华等译，北京经济学院出版社1990年版，第87页。

④ 于宗先：《经济学百科全书》，台湾联经出版事业公司1986年版，第115页。

理收入。即消费、旅游主要影响消费,在职培训主要影响货币收入,而高等教育既可以影响消费,又影响货币收入”。[1] 从西方人力资本概念的含义可看出,西方的人力资本概念具有外生决定的特点,即只有当投资的概念扩大到人本身,使人拥有的知识、技能成为投资产物时才会产生,至于人力资本概念的本质以及知识、技能转化为人力资本的具体条件等均没有研究。也正是这个原因,人力资本概念在西方经济学中并没有一个通用的定义,在运用这一概念进行经济分析时遇到了很大的困难。

从本质上讲,人力资本首先是一种能力,这种能力并非人类天生具有的本能,而是一种后天获得的征服自然和改造自然的能力,而且这种能力只有运用于人类有意识、有目的改造自然的活动——劳动时,才具有经济意义。因此,我们认为,人力资本的本质或根源是劳动力,如同资本的根源在于货币一样。马克思将这种劳动能力称为劳动力,并进一步指出,它是“人的身体即活的人体中存在的,每当人生产某种使用价值时,就运用的体力和智力的总和”。[2] 马克思严格区分了劳动力与劳动,从而突破古典政治经济学因将二者混淆所带来的混乱。也正是由于西方经济学中将劳动力与劳动等同,使人力资本概念缺乏理论基础,因而不能与传统资本理论融合。我们将人力资本的内涵确立为劳动力,为人力资本概念找到了理论根源,解决了西方经济学者只能围绕外在约束研究人力资本而不能深入探究的难题,不仅使人力资本开始有一

---

① 〔美〕贝克尔:《人力资本》,北京大学出版社 1987 年版,第 10 页。

② 〔德〕马克思:《资本论》,人民出版社 1975 年版,第 190 页。

个清晰的定义，而且从一开始就将其纳入了本书的经济理论体系。

因此，人力资本是内在因素与外在因素的统一体，劳动力是其内核和自然基础，投资是外在约束，人力资本是劳动力成为投资的产物。但是，劳动力并非一开始就是人力资本，它只有在特定的条件下才能转化为人力资本。这些条件可以概括为：①知识、技术、信息与劳动力分离，作为独立的商品参加市场交换。这是劳动力成为人力资本的前提条件。在商品经济初期，劳动力是作为一个整体进入劳动力市场参加交易的，知识、技能、信息与体力一起凝结在劳动力商品中。随商品经济的发展，知识、技能、信息这些智力因素开始与劳动力分离，并成为独立的商品参与市场交易。这时，传统的劳动力交易就分化为单纯劳动力交易和知识、技术、信息的交易。后者的形成直接为人力资本形成提供了必要的前提条件。②知识经济。它构成了劳动力转化为人力资本的历史条件。知识、技术、信息作为独立的商品参与市场交易在物质经济时代就已发生，但劳动力要转化为人力资本还必须在一定的历史条件下才能进行。在知识经济时代，整个社会的生产、分配与交换都围绕着知识展开，知识、技术、信息的交易占整个交易的主导地位，它们成为最稀缺的资源，物质资本的稀缺性被替代。此时，传统劳动力在价值形成中的作用出现分化：初级形态的劳动力——体力在价值创造中的作用越来越小，逐步退出价值形成过程；高级形态的劳动力——以知识、技术、信息为特征的智力在价值创造中的作用则不断加强，占据主导地位，成为价值增值的主体。此时，传统的劳动力概念已不能体现这种时代特征，需要赋予其资本特性。这样，其中的高级劳动力转化为人力资本，而传统的劳动力概念只成为低级劳动力的代名词。③高级劳动力成为投资的产物。在传统的经济理论中，劳动力是人先天具有的，是一种天赋，人与人之间只存在量的差别，而无质的区别。在知识经济时代，劳动力尤其是高级劳动力可以通过后天的努力，通过有目的、有意识的投资形成。④人力资本所有者可以分享经济剩余。与知识经济的时代特征相适应，知识、技术、信息占据主导地位，且高级劳动力已成为投资的产物。这样，人力资本所有者必然要分享经济剩余，而且随着产权制度的演变和各项科技的发展，人的劳动能够得到合理计量，从而为人力资本所有者分享剩余提供了可能性。这样，我们依据以上分析，给人力资本下一个比较全面的定义：所谓人力资本，就是指在知识、技术、信息与能力同劳动力分离，作为独立商品参加市场交换，在市场交换中占主导地位条件下，交易内容表现为由相关投资形成的高级劳动力。

2. 人力资本的特性

人力资本作为一种区别于物质资本的资本形态，具有以下特性：

(1) 私有性。任何资本都有其所有者，他们可以是个人、组织或国家。也正是如此，物质资本有了私人资本、国有资本等形式。而且，物质资本可以通过市场交易，让渡其所有权和使用权，从而形成了发达的资本市场。与物质资本不同，人力资本的所有者只能是个人。人的机体是其人力资本的天然载体，而且，人力资本的所有权不能够让渡，在市场上交易的只能是其使用权，即在劳动者与生产资料分离的情况下，劳动者“必须让买者只是在一定期限内暂时支配他的劳动力，使用他的劳动力，就是说，他在让渡自己的劳动力时不放弃对它的所有权”[①]。不仅劳动者要保持对人力资本的所有权，我们也必须承认这种所有权。马克思在《哥达纲领批判》一文中说，要“默认不同等的工作能力是天然特权”。巴泽尔在分析奴隶制时，也讲到人力资本的这种私有性迫使奴隶主不断地改善对奴隶的管理。[②]

(2) 人力资本产权的完整性。人力资本产权的完整性或称“不可残缺性”，指的是人必须完全控制人力资本的启动、开发和利用。虽然人力资本的使用权可以让渡，但是让渡之后，使用者必须尊重人力资本所有者的使用权，如果违背市场自由交易法则的法权或因其他制度安排等，使人力资本产权束发生了“残缺”，人就会相应地做出反应，“关闭”部分甚至全部的人力资本，人力资本就会出现有效供给不足，“管理不善”、“经营失败”等现象的出现便成了必然。

(3) 人力资本配置的自主性。人力资本的配置，就是人力资本与物质资本相合的过程。由于人类征服与改造自然的自觉性，人力资本总是主动寻求合适的物质资本，并与之结合，创造价值。但是，对于不同层次的人力资本，其配置的自主性不同。层次比较低的人力资本，容易受到劳动力市场供求变化的影响，往往在寻找到物质资本之后，即进入到企业之后，就要由企业家来掌握。高层次的人力资本则是通过自发地寻求实现其价值的市场和物质资本

---

① 〔德〕马克思：《资本论》，人民出版社 1975 年版，第 191 页。

② 〔美〕巴泽尔：《产权的经济分析》，费方域、段毅才译，上海三联书店、上海人民出版社 1997 年版，第 78 页。

来得到实现，带有极强的自主性。

(4) 收益递增性与多样性。一般而言，物质资本会随着不断使用而消耗，如马克思所讲的固定资本的自然磨损。但是，人力资本则不然，它只会随着使用次数的增加而不断增加、不断积累，由一个简单劳动力的所有者逐步成长为拥有一定层次人力资本的劳动者，再进一步成为拥有较高层次人力资本的劳动者。所谓"越用越熟练，越老越吃香"就是指人力资本的这种特性。正是如此，对于物质资本收益递减规律普遍适用，而人力资本则变成了收益递增规律。这一点也是人力资本对收入影响的内在机理。当然，人力资本与物质资本一样存在精神磨损，一方面表现为随着人们素质的提高，能力的提升，人力资本也会"折旧"，原来的知识陈旧了，人力资本的价值也就缩小了。另一方面表现为学习和使用的中断造成的贬值，《论语》中所讲的"流水不腐，户枢不蠹"就是对此的真实写照。特别是，在知识爆炸的时代，人力资本的折旧速度非常快，对收入的影响也越来越大。以上仅仅是就人力资本的经济收益而言，事实上，人力资本投资的收益是多元的，还有更广泛的社会收益和心理收益。国家加大人力资本投资的力度，提供更多的公共服务，其目的是为了国力的增强和社会的繁荣；父母从事人力资本投资，其目的不仅包括让儿女将来有更强的工作能力，还有获取邻居的夸赞等心理收益；劳动者自身从事人力资本也许不是为了增加收入，而是为了满足个人的虚荣心；等等。

(5) 层次性。人力资本具有显著的层次性，其层次性来源于能力的不同。舒尔茨将能力分为五类：学习能力(to learn)、完成有意义工作的能力(to do useful work)、进行各项文娱体育的能力

(to play)、创造力(to create something)、应付非均衡的能力(to deal with econmic disequilibria)。[①] 李忠民则进一步提出相对具有操作性的能力分类,他将能力划分为四类:一般能力(指作为经济活动人所必须具备的分析力、计算力、学习能力和适应力,是基础性能力)、完成特定意义工作的能力(在资源约束条件下,加工、生产某种物品或服务,使其具有特殊效用的能力)、组织管理能力(求解"生产函数"的能力,是对给定资源条件下,各种资源的最佳配置、组合、协调的能力,如计划、组织、控制、指挥的能力)和资源配置的能力(发现市场非均衡,使市场复衡的能力,也称为应付不确定性的能力),并依托此分类将人力资本分为一般人力资本、技能型人力资本、管理型人力资本和企业家型人力资本。[②] 这些不同层次的人力资本与居民收入增长基本是对应关系,也正是不同层次人力资本在居民中的分布造成了收入分配的不均衡。

(6) 不可视性和难以度量性。能力是一个隐藏信息,只有所有者才拥有这个信息。尽管我们建立了考试制度、资格审查制度、技能鉴定制度等来克服人力资本的不可视性和难以度量性,但是,这些制度难以全面衡量人力资本,如考试制度过于依赖应考者当时的状态,资格审查制度往往有以学历代替能力的嫌疑,技能鉴定制度则仅适用于技能型人力资本,等等。因此,很多情况下,我们更依赖于观察,而这在购买人力资本之初又往往难以做到,经历就

---

① Schultz, Theodore. W., "The Value of the Ability to Deal with Disequilibria", *Journal of Economic Literarure*, Vol. 13, 1975, p. 828.

② 李忠民:《人力资本:一个理论框架及其对中国一些问题的解释》,西北大学1998年博士论文,第22页。

成为重要的依据,但经历只反映过去,又显不足。在现实生活中,通常将学历、经历、技能证书、业绩等方式综合起来衡量人力资本,也通常依托这些指标确定劳动者的工资,结果一方面造成了人力资本的不平等带来的收入的不平等现象,另一方面造成了这种制度与市场供求关系的扭曲现象,如广大农民工因无法接受按照此制度确立的工资水平而不愿意就业导致的"民工荒"现象,而大学生则愿意接受此工资制度但缺乏就业岗位的"大学生就业难"现象。

3.2 人力资本存量对收入差距的存量效应

1. 人力资本存量与存量效应

人力资本是由投资而形成的高级劳动力。一般而言,劳动力往往用人数来衡量,但是,并不是所有的劳动力都能够转化为人力资本,我们不能够用劳动力数量表征人力资本数量。作为一种与物质资本对应的资本,人力资本的数量可以从投资角度来考察。假设所有的人力资本投资均能够转化为现实的人力资本,人力资本数量就可以用人力资本投资数量来衡量。我们将这种由人力资本投资数量衡量的人力资本数量称为人力资本存量。

人力资本投资具有很强的广泛性,理论界一般采用舒尔茨对人力资本投资范围的概括。舒尔茨在《人力资本投资》一书中,将人力资本投资的范围和内容归纳为五个方面,即①卫生保健设施和服务,概括地说包括影响人的预期寿命、体力和耐力、精力和活动的全部开支;②在职培训,包括由商社组织的旧式学徒制;③正规的初等、中等和高等教育；④非由商社组织的成人教育计划，特别是农业方面的校外学习计划；⑤个人和家庭以适应不断变化的就业机会而进行的迁移。[①] 事实上，人力资本投资除了以上五个方面外，还包括通过干中学获得的人力资本，但是，由于这种人力资本难以测算和衡量，一般不进行具体测算。

人力资本作为一种高级劳动力往往能够为所有者带来较高的收入，因此，人力资本存量的大小决定居民收入的高低。就单个居民而言，人力资本存量的增加会遵循报酬递增规律，存量越大，居民的收入越高。但并不是所有的居民都拥有人力资本，拥有人力资本的居民在获得高收入的同时拉大了与其他居民的收入差距。因此，随着全社会人力资本存量水平的提高，居民收入差距会相应发生变化。我们用人力资本存量效应来表达这种变化。所谓人力资本存量效应是指在人力资本结构不变的前提下，人力资本存量水平的不同和积累速度的不同引起的居民收入差距的变化。在下文中，我们具体阐述这一效应的作用机理。

2. 人力资本存量与居民收入增长

在市场经济中，居民收入取决于自身获取收入的能力（即人力资本）和就业机会（即人力资本实现的机会）。有了就业机会，居民就可以通过出让自己的能力获得收入，收入的高低取决于自身在生产过程中的贡献。

（1）人力资本存量对劳动生产率的影响是人力资本存量对居

---

① 〔美〕舒尔茨：《论人力资本投资》，吴珠华等译，北京经济学院出版社 1990 年版。

民收入影响的基础。劳动生产率是决定经济增长的关键性因素，随着经济增长方式的转变，劳动生产率的提高越来越取决于人力资本。经济增长理论的发展轨迹证明了人力资本在提高劳动生产率和推动经济增长中的核心作用。自从经济增长理论在探索“索洛余数之谜”中发现了人力资本的作用之后，这一理论发展的轨迹开始以人力资本为主线展开，巴罗、卢卡斯等创立的以人力资本为中心的新经济增长理论逐渐成为主流。具体到人力资本的组成部分，众所周知，健康状况良好的生产者生产效率高，尤其在体力劳动者较多的发展中国家，健康对劳动生产率的影响更为明显(Bloom and Canning，2001)。诺贝尔经济学奖得主福格尔(1991；1997；2000)认为，“过去 200 年获得热量的增加，对法国和英国等国家人均收入的增长肯定做出了非凡的贡献”。教育对劳动生产率和经济增长的贡献更大，舒尔茨(1960)的测算表明，教育投资对美国 1929—1957 年间经济增长的贡献比例高达 33%。①

(2) 人力资本存量决定居民获取收入的能力。生产过程是一个人力资本与物质资本结合并创造财富的过程。就人力资本自身而言，人力资本本质上就是能力，是一系列创造财富能力的综合。人力资本作为一种要素参与经济增长和劳动生产率提高，发挥自己的作用，获得了参与收入分配的权利，其贡献也就成为决定收入份额的依据。不仅如此，人力资本存量还通过影响居民配置物质

① 丹尼森(Dension，1962)剔除了因技术进步导致物质资本质量的提高对经济增长的影响后，测算出教育对经济增长的贡献为 23%。一般地，理论界将舒尔茨的测算结果作为广义的人力资本对经济增长的贡献率，而将丹尼森测算结果称为狭义人力资本对经济增长的贡献。

资本的能力来发挥作用。与物质资本不同，人力资本具有主动性和自主性，人力资本存量高，可以获得更多配置物质资本的权力，从而推动劳动生产率更快提高。舒尔茨(1960)提出的“应付非均衡的能力”就是这种配置物质资本的能力。伯乐姆等人(2000)则考察了人力资本中的健康因素对居民配置物质资本能力的影响，认为健康的人预期寿命长，因而倾向于为以后的生活储蓄，从而有利于物质资本积累。

(3) 人力资本存量直接影响居民的就业机会。居民要获取收入就必须参与劳动，必须就业。在劳动力市场上，由于能力是不可观测的，企业往往会采用受教育程度、健康状况、工作经历、各种培训证书等作为选择人才的重要依据，这些也是居民人力资本存量的一种证明。人力资本存量高的人能力也比较强，因此，企业往往会选择人力资本存量高的人。人力资本存量高的居民就业能力强，就业机会多。贝克尔(1975)的研究发现，失业率一般与人力资本水平呈反方向变动的关系，即人力资本水平越低，越容易失业。

(4) 人力资本存量决定居民收入的高低。从实践操作角度看，员工薪酬水平的确定一般采用两种方式：一是岗位薪酬，二是资历薪酬。所谓资历薪酬就是根据员工的受教育程度、工龄、级别等确立的薪酬。这类薪酬基本上是按照员工的人力资本来确定的，人力资本存量越高，薪酬水平自然越高。所谓岗位薪酬是按照岗位的重要性确定的薪酬水平，不管员工的身份和资历，只要聘任此岗位就可获得此薪酬。看似此类薪酬与员工的人力资本存量关系不大，事实上，员工要获得此岗位就必须拥有承担此工作的人力资本，因此，岗位薪酬也是由人力资本存量决定的，只不过不像资历薪酬那样直接而已。从理论逻辑看，人力资本始终是工资的主要决定因素。明塞尔（1957；1958）发现，一个人的工资与他的人力资本存量规模成正比，并进一步考察了人力资本内部教育和工作经验对工资的影响，提出了著名的明塞尔收入函数。此函数成为理论界考察人力资本与收入之间关系的经典函数，他运用此函数考察了教育差异对收入差距的影响，发现工资收入差异的33％能够通过接受正规教育程度的差异来解释。进一步，他还发现了人力资本对收入的外延效应，即人力资本存量高的居民在进一步进行人力资本投资时，人力资本积累速度更快，效率更高，从而使其后期人力资本投资的收益率更高。舒尔茨的研究也证明，工资的差别主要是由所受教育的差别引起的，教育能够提高个人收入的能力，影响个人收入的社会分配，减少收入差异的不平衡状态。

3. 经济发展阶段、人力资本供求与收入不平等

人力资本存量是决定居民收入的主要因素，但人力资本存量与经济发展阶段紧密相连，因而经济发展阶段与居民收入分配存在紧密的关系。库兹涅茨（1955）提出了著名的倒U型假说，意指在经济未充分发展的阶段，收入分配将随经济发展而趋于不平等。其后，经历收入分配暂时无大变化的时期，到达经济充分发展的阶段，收入分配将趋于平等。这一假说被鲍克尔特（Paukert，1970）、莫里斯（1973）、瑟尔奎恩（1975）、阿鲁瓦利亚（1976）等的实证分析证明。人力资本是居民收入的决定性因素，在收入差距形成过程中，人力资本发挥了怎样的作用？既然，经济发展阶段与收入分配有倒U型的关系，那么，人力资本作为影响经济发展的重要因素和决定居民收入的主要因素，在这种关系中怎样发挥作用？又发挥怎样的作用呢？我们在此先解读第一个问题，在下文中解读第二个问题。

(1) 不同经济发展阶段存在不同的人力资本供求关系

经济发展阶段的区分有不同的分法，理论界比较认同的是钱纳里关于工业化进程的分类。按照此分类，我们可以按照工业化进程将经济发展阶段分为：初级产品生产阶段、工业化初级阶段、工业化中级阶段、工业化高级阶段、发达经济初级阶段和发达经济高级阶段，见表3—1。

表3—1 钱纳里关于工业化阶段与人均GDP的关系

（单位：美元）

发展阶段	1964年人均GDP	1970年人均GDP	1980年人均GDP	1982年人均GDP	1994年人均GDP
初级产品生产阶段	100—200	140—280	300—600	322—728	480—1090
工业化初级阶段	200—400	280—560	600—1200	728—1456	1090—2180
工业化中级阶段	400—800	560—1120	1200—2400	1456—2912	2180—4370
工业化高级阶段	800—1500	1120—2100	2400—4500	2912—5460	4370—8190
发达经济初级阶段	1500—2400	2100—3300	4500—7200	5460—10080	8190—15120
发达经济高级阶段	2400—3600	3300—5040	7200—10800	10080—15120	15120—22680

在初级产品生产阶段，生产力发展水平比较低，生产主要依托资源和初级劳动力，生产的技术含量低，技能要求低，对人力资本

的需求不是太强，整个社会的人力资本供给也有限，发达的教育培训体系、医疗卫生体系等还没有建立，主要依靠干中学方式提高技能。整体而言，这一时期，在低水平上人力资本的需求大于供给，拥有人力资本的劳动者比较容易找到工作，且薪酬水平也较高。

在工业化初级阶段，工业化已经起步，虽然整体上仍然以资源消耗型的粗放式增长为主，但生产的技术含量快速提高，对技能型劳动力的需求增加，对人力资本的需求增强。人力资本供给方面，这一阶段，初中等教育取得较快发展，医疗卫生事业得到发展，但系统的社会培训体系仍然没有建立。因此，这一时期人力资本的需求略大于供给。

在工业化中级阶段，工业化体系已现雏形，重工业快速发展，生产的技术含量大幅提高，制造能力得到大幅度提升，生产性服务业得到发展，对技能型劳动力的需求大幅增加，对人力资本的需求迅猛上升。人力资本供给方面，初中等教育快速发展，高等教育和职业技术教育全面起步，社会相关培训机构增多，医疗服务能力得到大力提升。这一时期，在中等水平上人力资本的需求高于供给。

在工业化高级阶段，工业化体系成型，生产的技术含量较高，生产性服务业比重大幅提高，经济高速增长，整个社会的现代化水平显著提高，对人力资本的需求相当旺盛，知识的贬值速度加快，人力资本的层次性全面拉开，对低层次人力资本的需求下降，对高层次人力资本的需求迅猛增加。人力资本供给方面，教育体系已经全面建立，医疗卫生体系比较发达，社会培训体系迅猛发展。在这一时期，高层次人力资本的需求整体上高于供给。

(2) 人力资本供求决定人力资本投资收益率，且不同经济发展阶段人力资本投资收益率不同

人力资本的投资收益率从根本上取决于人力资本的供求状况。在我国经济欠发达的中西部地区往往没有高素质人才的用武之地，“孔雀东南飞”现象非常普遍。而在制造业发达的东南部地区，高级技工的薪酬远远高于硕士生甚至博士生。这种现象说明不同地区人力资本的供求对人力资本投资收益率的影响是不同的。但是，人力资本供求也取决于经济发展阶段，不同发展阶段人力资本投资收益率不同。

实证考察证明了这一论断。改革开放以来，我国经历了钱纳里定义的初级产品生产阶段、工业化初级阶段和工业化中期阶段，伴随着经济发展阶段的推进，我国人力资本投资的收益率持续提高。赖德胜(1998)的研究指出，1995 年的人力资本收益率比 1988 年有较大幅度的提高，全国人力资本平均收益率从 1988 年的 3.84%提高到 1995 年的 5.73%。张俊森、赵耀辉(2002)的研究表明，动态看来，人力资本收益率在 1988—1999 年间是逐年提高的。陈晓宇等(2003)选取了 1991、1995、2000 三个时点，采用全国抽样住户调查数据，测算得到全国人力资本平均收益率 1991 年为 2.953%，1995 年为 4.655%，2000 年为 8.534%。李实、丁赛(2003)研究了 1990—1999 年间我国城镇人力资本收益率的动态变化趋势，发现城镇人力资本收益率是逐年上升的，十年间上升了 3 倍；高等教育收益率大于初等教育收益率。但是，并非经济发展阶段越高人力资本投资收益率也越高，萨卡洛布洛斯(1977)的研究发现,发展中国家的教育收益率要高于发达国家的教育收益率。

(3) 不同经济发展阶段人力资本收入在居民收入中的比重不同

不同经济发展阶段人力资本投资的收益率不同,从而影响了居民收入,更重要的是,不同发展阶段人力资本收入在居民收入中的比重也不同。随着经济发展阶段的推进,居民的活动范围越来越大,参与经济活动的方式和渠道也越来越多,居民的收入来源也就越来越多样化,经营性收入、财产性收入、转移性收入以及其他收入越来越多,人力资本收入在居民收入所占份额就会变化,呈现出与经济发展阶段相伴随的态势(表 3—2、表 3—3 为近二十年来我国居民各项收入比重的变化状况)。

表 3—2 我国城镇居民各项收入的比重变化

年份	工薪收入占可支配收入的比重	经营净收入占可支配收入的比重	财产性收入占可支配收入的比重	转移性收入占可支配收入的比重
1990	76.13	1.49	1.03	21.75
1995	79.16	1.70	2.11	16.95
2000	71.35	3.92	2.04	22.94
2002	74.52	4.31	1.33	26.01
2003	75.66	4.77	1.59	24.93
2004	75.92	5.24	1.71	24.63
2005	74.31	6.48	1.84	25.26
2006	74.55	6.88	2.08	24.65
2007	74.24	6.82	2.53	24.55
2008	71.60	9.21	2.45	24.89

注:根据《中国统计年鉴》相关数据计算所得。

表 3—3 我国农村居民各项收入的比重

年份	工资性收入占纯收入的比重	家庭经营纯收入占纯收入的比重	财产性收入占纯收入的比重	转移性收入占纯收入的比重
1990	20.22	75.56	0.00	4.22
1995	22.42	71.35	2.60	3.63
1999	28.51	65.53	1.43	4.53
2000	31.17	63.34	2.00	3.50
2001	32.62	61.68	1.98	3.71
2002	33.94	60.05	2.05	3.97
2003	35.02	58.78	2.51	3.69
2004	34.00	59.45	2.61	3.93
2005	36.08	56.67	2.72	4.53
2006	38.33	53.83	2.80	5.04
2007	38.55	52.98	3.10	5.37
2008	38.94	51.16	3.11	6.79

注：根据《中国统计年鉴》相关数据计算所得。

4. 人力资本积累与收入差距的作用机制

经济发展阶段决定了人力资本的供求状况，也决定了人力资本投资收益率的高低，伴随着人力资本存量的增加，人力资本的积累如何作用于居民的收入差距？我们对此进行具体考察。

(1) 人力资本积累对收入差距的扩张效应

所谓扩张效应是指，由于人力资本存量的增加，居民收入差距进一步拉大。一方面，随着居民人力资本存量的增加，首先获得人力资本的居民收入得到增加，而没有获得人力资本的居民收入没有变化，从而拉大了原来的收入差距；另一方面，人力资本本身的层次性使人力资本的积累具有报酬递增性，已经获得人力资本的居民人力资本积累速度更快，人力资本存量更大，层次更高，收入也更多，从而加速了收入差距扩大的速度和幅度。迈瑞恩和萨卡洛布洛斯(1976)对美国的研究发现，高等教育每扩展5%，会使收入分配指数恶化2%。

(2) 人力资本积累对收入差距的平等化效应

所谓平等化效应是指，随着人力资本的积累，人力资本存量的增加，居民收入差距缩小。平等化效应包括人力资本收入平等化和居民整体收入平等化两个层面。一方面，在人力资本投资收益率不变的前提下，人力资本投资的高收益率会吸引更多的人进行人力资本投资，人力资本在社会成员之间的分布更加平等，从而居民人力资本收入的差距缩小。特别是，人力资本对低收入者、低人力资本所有者具有显著的增加收入的效应。阿鲁瓦利亚(1973；1976)研究发现，当一个社会的识字率从10%提高到60%时，收入最低的40%人口的收入份额将提高2.8个百分点；初等教育入学率对收入最低的40%人口的收入份额起着正向的、显著的作用，从而缩小了收入差距。另一方面，随着全社会人力资本存量的增加，人力资本收入成为居民的主要收入，非人力资本收入的比重降低，由禀赋、社会地位、制度等非人力资本因素造成的收入差距对居民整体收入差距的影响减弱，居民收入差距减小。舒尔茨(1963)指出，人力资本的改善是减少个人收入分配不平等的基本因素，人力资本的增长，将导致国民收入中源于知识、技能等因素的份额相对上升而源于财产等其他因素的份额相应下降，从而在一定程度上弥补因为财产、政策、歧视等因素所带来的不平等影响，使社会各阶层收入趋于“均等化”。

(3) 人力资本积累对收入差距的缩减效应

所谓缩减效应是指，随着整个社会人力资本存量的增加，人力资本贬值，人力资本拥有者与未拥有者之间、不同层次人力资本拥有者之间的收入差距缩小。[①] 贬值效应受人力资本供求状况、人力资本所有者之间竞争状况和人力资本价值变化的影响。首先，随着人力资本存量的增加，知识、信息、技术等在全社会普及，经济社会活动对人力资本的需求和社会对人力资本的供给之间的缺口缩小，甚至出现供过于求的现象，降低了人力资本的投资收益率，造成了人力资本贬值和人力资本收入的减少。其次，劳动者之间的竞争加剧，会降低人力资本的投资收益率，造成人力资本贬值。如我国目前出现的大学生就业难就是大学生数量过多导致竞争激烈造成的，而东南沿海地区出现的“民工荒”则是由于普通制造工人短缺引起的。再次，随着人力资本增量的增加，人力资本的易折旧性特征越来越显著，人力资本折旧速度加快，造成人力资本快速贬值。以上因素的影响使得人力资本所有者与非人力资本所有者之间、各个层次的人力资本所有者之间的收入差距缩小，从而使整个社会居民的收入差距减小。

(4) 人力资本积累对收入差距的错位效应

所谓错位效应是指，高人力资本存量拥有者从事低层次工作获得低工资收入和低人力资本存量拥有者从事高薪工作获得高收

---

① 赖德胜(1997)将这种效应称为竞争效应，强调同一层次劳动者之间的竞争。本书不仅仅考虑同一层次劳动者相互之间的竞争，还强调整个社会人力资本总供求关系的变化。这更类似于奈特和萨伯特(1983)所说的压缩效应，但比此压缩效应又强调了人力资本自身的易折旧性。为了表述更加清晰，我们称之为缩减效应。

入的现象。错位效应在社会中比较普遍，可能是由于供求结构不一致带来的，也可能是劳动者就业信息不对称造成的，还可能是行业收入差距引起的。高人力资本存量低收入和低人力资本存量高收入两种状况均会减弱人力资本积累与收入差距之间的相关关系和关联系数。

5. 人力资本积累与收入差距的倒U型曲线

人力资本积累通过扩张效应、平等化效应、缩减效应和错位效应这四个效应共同作用于居民收入差距，那么，随着人力资本的不断积累，居民收入差距会发生什么变化呢？赖德胜(1997)等通过对人力资本中的教育扩展与收入差距之间关系的研究表明：教育扩展与收入不平等之间同样存在倒U型曲线的关系，即教育扩展在初期会拉大收入差距，但当达到一定程度后，教育扩展就会减小收入不平等。这一倒U型曲线是库兹涅茨倒U型曲线的变形，是其在教育扩展与收入不平等关系中的应用。教育扩展是人力资本积累的一个方面，是否人力资本积累与居民收入差距之间也存在这样一条倒U型曲线呢？

在前文的分析中，我们已经发现经济发展阶段对居民收入增长发挥着巨大的根本性作用，也决定着人力资本积累进程。因为经济发展水平不同，人力资本供求状况和发挥的作用也就不同，投资收益率的差异也会很大。在经济发展水平较低时，整个经济的技术含量低，拥有人力资本的居民能够获得比较高的收入，从而拉大了居民的收入差距。当经济达到一定水平后，经济自身的技术含量增加，居民人力资本的比较优势减弱，人力资本更容易折旧，人力资本存量的增加带来的收入增长速度下降，不同层次人力资本获得的收入差距减小，从而缩小了社会的收入不平等。也就是说，在经济发展的不同阶段，人力资本积累对居民收入差距的四种效应发挥作用的情况不同（如表 3—4 所示）。

表 3—4 不同经济发展阶段人力资本对收入分配的效应

发展阶段	扩张效应	平等化效应	缩减效应	错位效应
初级产品生产阶段	非常强	非常弱	非常弱	非常弱
工业化初级阶段	非常强	很弱	很弱	很弱
工业化中级阶段	强	中等	中等	中等
工业化高级阶段	较强	强	强	中等
发达经济初级阶段	较强	很强	很强	较弱
发达经济高级阶段	较强	非常强	非常强	较弱

如上表所示，在经济发展初期，由于人力资本总体上数量较少，比较优势明显，很容易扩大收入差距，扩张效应非常强。相反，平等化效应和缩减效应非常弱，错位效应则因拥有人力资本居民的独占鳌头而容易识别但也非常弱。整体上呈现出收入差距拉大的态势。在工业化初级阶段，技术得到发展，拥有人力资本的居民数量增加，但整体上人力资本存量仍然偏少，扩张效应仍然非常强，平等化效应、缩减效应和错位效应开始显现，居民收入仍然呈现扩大趋势。在工业化中级阶段，全社会人力资本存量达到一定水平，拥有人力资本的居民数量大幅增加，人力资本的比较优势开始削弱，扩张效应减弱但仍然很强，平等化效应和缩减效应明显，错位效应也比较明显。在工业化高级阶段，全社会人力资本存量达到较高水平，拥有人力资本的居民数量有较大增加，人力资本成为社会的主要力量，知识的更新速度加快，人力资本所有者之间竞

争激烈，人力资本所有者与非人力资本所有者之间的收入差距更大，但人力资本所有者之间的收入差距因平等化效应和缩减效应而缩小，因此，扩张效应减弱但仍然较强，平等化效应和缩减效应较强，错位效应则比较明显。在发达经济初级阶段，人力资本存量达到很高水平，人力资本的分布更加广泛，人力资本大规模供给和大规模需求形成，人力资本拥有者与非拥有者之间以及不同层次人力资本所有者之间的收入差距进一步拉大，扩张效应显著；但人力资本所有者之间的竞争加剧，知识的折旧速度进一步加快，平等化效应非常显著，缩减效应也很显著，错位效应则由于人力资本越来越容易识别而减弱。在发达经济高级阶段，人力资本成为社会的主宰，知识日新月异，创新层出不穷，人力资本对居民收入的扩张效应较强，而平等化效应和缩减效应则非常强。

在以上的演变过程中，人力资本对收入差距的影响伴随经济发展水平形成了一个倒 U 型曲线：在经济发展初期，随着人力资本存量的增加居民收入差距持续扩大，进入工业化阶段后，在初期这种扩大趋势仍然持续，在中期这种扩大趋势开始减缓，在工业化高级阶段后期和发达经济初级阶段初期达到顶点后开始下降，其后，进入到加速下降阶段。

3.3 人力资本结构对收入差距的结构效应

1. 人力资本结构与结构效应

人力资本存量通过居民个人存量和整个社会存量两种力量共同作用于居民收入，形成了集扩张效应、平等化效应、缩减效应和错位效应于一体的存量效应。不仅如此，人力资本的结构也会对居民收入产生重要的影响。

人力资本结构主要包括分布结构和投资结构。所谓人力资本的分布结构是指人力资本在不同年龄、性别、阶层、区域、行业、收入水平的人们中的分布状况。人力资本投资结构是指教育投资、医疗健康投资、培训投资、迁移投资、科研投资等不同类别的人力资本投资在人力资本总量中的比重。

由于人力资本对收入的影响，不同的人力资本结构会造成居民收入的差异，我们把这种在人力资本存量水平不变前提下，由人力资本各组成部分的比重、分布状况的变化引起的居民收入差距，称为人力资本对收入分配的结构效应。

根据人力资本结构的构成和相关制度的影响，人力资本对收入分配的结构效应可以分为以下三个效应。

(1) 人力资本的分布结构效应

人力资本是居民获取收入的主要途径，人力资本在不同年龄、性别、阶层、区域、行业、收入水平人群中分布的差异，造成人力资本不同的人群所获得的收入不同，进而引起居民收入差距。我们将这种因人力资本分布而引起的居民收入差距，称为人力资本的分布结构效应。

(2) 人力资本的投资结构效应

人力资本投资结构的不同会形成不同类别的人力资本，不同类型的人力资本能够带来的不同的收入。我们将这种由人力资本投资结构变化引起的居民收入差距，称为人力资本的投资结构效应。

（3）**人力资本的制度结构效应**

无论是人力资本投资结构还是人力资本分布结构都受到制度的影响。一方面，制度差异会使不同人投资人力资本的机会不同，从而产生收入差距；另一方面，制度差异会影响人们对人力资本不同种类的投资，而不同种类人力资本能够带来的收入是不同的，从而产生收入差距。同时，人力资本价值的实现也受到制度的制约，相同的人力资本在不同的制度下会带来不同的收入。我们将这种由于制度的差异引起的收入差距，称为人力资本的制度差异。

2. 资源禀赋、人口结构与收入不平等

人力资本是居民收入的主要来源，但不同的居民获得的人力资本存在差异，导致居民的收入间存在差距。这种由人力资本在不同居民分布的差异而引起的收入差距，我们称为人力资本的分布结构效应。这种分布结构效应主要体现在以下方面。

（1）**遗产、家庭财富与收入不平等**

居民人力资本的形成是人力资本投资的产物，对于居民个人而言，人力资本投资主要由家庭来承担。因此，不同居民家庭的人力资本投资存在差异，造成了居民人力资本的差异，引起了居民之间的收入差距。

居民家庭人力资本投资主要来源于家庭遗产和家庭财富，家庭遗产是家庭多代人积累的产物，家庭财富则是当代家庭创造的物质财富。在资本市场不完善的条件下，个人和家庭在进行人力资本投资时，将面临资金约束，无法方便地（或以较低的利率）从资本市场上获得相关支持。此时，父母的财富状况在很大程度上就决定了他们对孩子人力资本投资数额，从而影响到孩子的人力资本形成，导致不同家庭出身的孩子在人力资本的差异(Becker and Tomers,1979)。进一步，人力资本具有报酬递增特性，起点的差距会进一步扩大不同家庭出身孩子的收入差距，造成了收入不平等。马萨曼德(Mazumder,2001)的研究表明，美国 1995—1998 年间子女的收入对父亲在 1984 年收入的弹性为 0.6。特别是，这种由家庭出身的不同造成的收入差距会继续传承，越是贫困的家庭，越无力进行人力资本投资，未来收入更低，其下一代也更无力获得人力资本，从而陷入贫穷陷阱。人力资本代际分配演化过程将导致收入分配的两极分化。

(2) 人口结构与收入不平等

活着的人体是人力资本的载体，人力资本与人的身体有不可分割性。尽管人口资源并不等于人力资本，但人口的分布直接决定了人力资本的分布，人口结构构成了人力资本分布结构的直接基础。

人口结构主要表现为人口年龄结构、人口性别结构与人口区域结构，不同的人口结构形成了不同的人力资本结构，造成了居民的收入差距。

人口的年龄结构与收入不平等的关系表现为年龄—收入曲线。年龄—收入曲线表明随着年龄的变化居民的收入先不断增加，达到一定年龄后开始下降。人口在不同年龄段的分布出现了居民收入差距。一般而言，少年和老年人口比重越大，居民收入差距就会越大。然而，我们在此并不是要讨论这种客观的关系，我们更关注的是人力资本投资对年龄—收入曲线的影响，从而探讨人口结构与收入不平等的关系。贝克尔(1964)的研究表明,年龄—收入曲线的顶点随着受教育程度的提高而逐渐向后推移,且使年龄—收入曲线更倾斜和更凹。英国经济学家布劳格也发现,受教育程度越高,其早期工作收入增长就越急剧,工资起点也越高,收入高峰到达时间也会越迟,虽然这会损失部分早期收入,但收入优势会持续到退休,退休时的收入随教育程度提高而提高。

由于客观生理因素和主观性别歧视的作用,女性收入一般要远远低于男性收入。据美国人口普查局 2004 年 3 月份对受教育美国人成就的年度调查显示,男性大学毕业生的年薪一般是 63000 美元,女性大学毕业生只有 38000 美元,男性高中毕业生年薪一般是 33000 美元,而女性高中毕业生则只有 22000 美元。[①] 不仅如此,女性人力资本的投资也要远远低于男性,从而使女性的收入增长要慢于男性。因此,一国男女人口比例也会影响居民收入差距。

不同区域经济发展水平的差异必然带来居民人力资本投资能力的差异,从而带来居民收入的差异,一般而言,经济发达地区居民的整体收入要高于欠发达地区,因此人口在不同区域的分布也就与收入不平等联系起来。

(3) 阶层结构与收入不平等

社会阶层是社会学对因经济、政治、社会等多种原因而形成的、在社会的层次结构中处于不同地位的社会群体的称谓。社会阶层的划分有多种方法,但收入水平是阶层划分的主要指标,从而

① "美国各族裔职业女性收入各异",载《华尔街日报》2007 年 8 月 20 日。

将社会阶层结构与居民收入不平等联系起来。

首先，不同阶层的居民占有支配的资源不同，从而带来收入的不平等。同一社会阶层的居民有相似的行为特征和社会地位，不同社会阶层居民的差别主要体现在对社会资源的拥有、支配的差异上。高社会阶层居民拥有和支配的社会资源丰富，更容易获得收入，收入也更高。相反，低社会阶层居民则收入要低。因此，社会的阶层结构与居民收入不平等结构直接相关。

其次，不同阶层居民人力资本投资的机会成本不同，直接决定其投资决策。人力资本投资决策是居民对人力资本投资成本与收益比较的结果，是居民放弃当前收入机会而进行的投资行为。当前收入是居民人力资本投资的机会成本，机会成本越高进行人力资本投资的意愿就越低。当前收入在高社会阶层居民收入中比重较低，他们往往可以放弃当前收入，为未来获得更好的收入而进行人力资本投资，从而拉大了不同阶层居民获取未来收入能力的差距。

再次，不同社会阶层居民的需求差异很大，其实现人力资本价值的手段和渠道差距更大，同样的人力资本投资对于不同阶层的居民而言收益率不同。阿鲁瓦利亚(1976)等人的研究发现，识字率的提高对于低收入者、低人力资本所有者具有显著的增加收入的效应，当一个社会的识字率从10%提高到60%时，收入最低的40%人口的收入份额将提高2.8个百分点；中等教育则对中等收入者有收入增长效应，中等教育的入学率对收入最低40%人口的收入份额具有正效应。识字率的提高有助于提高低收入人口的收入，中等教育发展则有利于中等收入人口，高等教育则不同，其对低收入者的收入增长效应没有高收入者大，因此，高等教育的扩展反而会拉大居民收入差距。迈瑞恩和萨卡洛布洛斯(1976)发现，高等教育每扩展5%，会使收入分配指数恶化2%。

最后，社会相关机构对不同阶层居民的影响也不同。人力资本投资在面临金融约束时受居民家庭遗产和财富的影响较为明显，即使在金融支持条件下，金融机构对社会各阶层人力资本投资行为的支持的差异也很大。松山(Matsuyama，2000)强调了金融发展水平对社会各阶层人力资本投资行为的影响以及这种影响与社会变迁之间的关系。他发现，金融机构天生的嫌贫爱富特性，使其更愿意支持高社会阶层人员的投资，由于低收入阶层没有资产担保，增加了其贷款的风险性，它们不愿意为低收入阶层提供金融支持，从而加剧了不同阶层居民的收入差距。

3. 人力资本构成与收入不平等

人力资本投资通过教育、健康、培训、迁移、科研等方式进行，尽管最终形成的人力资本是多种投资方式共同作用的结果，但是由于不同居民所具有的条件不同，他们选择的人力资本投资方式也不同，从而形成了不同类型的人力资本，如教育人力资本、健康人力资本、培训人力资本、迁移人力资本、科研人力资本等。更重要的是，不同类型的人力资本对不同居民收入提高的重要性是不同的，这就形成了由于人力资本投资结构的差异带来的收入差距的变化。我们在前文中将其称为人力资本的投资结构效应。

(1) **人力资本结构对居民收入的互补效应**

所谓人力资本结构对居民收入的互补效应是指，人力资本中的健康、教育、培训、迁移等相互补充，促进人力资本增长，引起收入增加。在这些不同类型的人力资本中，健康是基础性的人力资本，教育、培训、迁移、科研等是知识获取的渠道和方式，均属应用性的人力资本。我们以教育和健康之间的互补关系为例来分析互补效应。

教育是影响居民收入差距的重要因素，健康与教育一样也是使人类生活体现价值的基本潜能之一。它不仅是个人感受到幸福的基础，而且是个人未来的发展和获得经济保障的基础。健康资本是人力资本的一种，同教育资本一样，是个人收入的一种关键性投入，也是影响居民收入差距的重要因素。如狄拉里卡(Deolalikar，1988)的研究就发现，“体重/身高”这一比值对工人的工资及农业产出具有很高的弹性。魏众(2004)的研究也发现，在我国农村地区，健康对劳动参与及非农就业机会都有着显著的影响。教育和健康不仅各自直接影响居民收入，二者之间的相互促进的关系共同推动人力资本的形成和居民收入的增长。

教育和知识是内化于人的，而人们只有活着并且健康的活着时才能使教育这一人力资本充分发挥作用(Zon and Muysken，2001)，营养不良、传染性疾病、残疾、受伤、中毒等健康问题会很大程度影响人的认知能力和学习效果(Ruger et al.，2000)，即使单纯从受教育的角度来说，健康改善的收益也是大大高于它的成本的(Jamson and Leslie，1990)。最为重要的是，低的死亡率和高的预期寿命会通过提高教育和健康投资回报的预期以及降低教育和健康人力资本的折旧率,刺激人们增加对人力资本的投资(Barro,1997),从而有利于推动居民收入增长。因此健康是受教育的前提。当然,教育、培训、迁移、科研等也会反过来促进健康状态的维持,因为知识越丰富的人越了解和掌握健康方面的知识。格鲁斯曼(1999)认为教育与健康的因果关系可以采取两种方式传导:生产性效应和分配性效应。前者是指教育的增加使个体能够从相同的健康投入中得到更高的健康状态,即更高的健康生产率;后者是指教育增加了生产和影响健康的各种投入的信息,从而影响了个体健康投入的选择,对健康状态产生间接效应,如吸烟概率下降、预防性医疗费用增加等。卡特和勒斯·曼尼(Cutler and Lleras-Muney,2006)甚至总结了教育影响健康的七种机制,在此不一一详述。

(2) 人力资本结构对居民收入的替代效应

所谓人力资本结构对居民收入的替代效应是指,当人力资本中的健康、教育、培训、迁移等某个或几个方面缺失时,其他类型的人力资本投资会替代这些缺失的人力资本,从而维持人力资本的增长,提高居民收入。

人力资本结构对居民收入替代效应的微观基础在于人们在收入约束下的差异化选择。由于居民的收入是有限的,理性的居民会将有限的收入用于对他收入增长最有价值的人力资本投资方式,从而带来不同类型人力资本之间的相互替代。

人力资本投资方式因不同地区投资条件的不同和居民投资能力的限制而出现了较大差异。在欠发达地区的农村,教育、培训发展很慢,居民难以获得教育和培训的机会,也没有能力支付相关费用，迁移更因费用高昂而难以实现。这时，健康人力资本就在一定程度上替代其他形式的人力资本，成为人力资本的最主要形式。虽然，这些地区居民的健康状况也是不容乐观的，但健康毕竟几乎是居民人力资本的唯一表现形式和获取收入的主要依靠。相反，在发达地区这种替代效应则要弱得多。刘国恩等(2004)的研究发现，在我国个人健康是决定家庭人均收入的重要因素，健康的收入效应对农村人口非常显著，但对城市人口几乎没什么影响。

同时，经济发展的不同阶段对不同类型人力资本的需求变化也会影响到人力资本投资形式的选择。在经济发展初期，健康人力资本是最为重要的人力资本，它会替代其他类型人力资本。在经济发展到一定程度后，对教育的需求大幅提升，教育人力资本就可能替代培训、科研等类型的人力资本。工业化中期阶段对技术提出更强的需求，就会出现培训人力资本替代教育人力资本的现象。而到工业化中后期阶段，社会对创新能力的追求又会出现科研人力资本对其他人力资本的替代现象。

4. 制度差异、人力资本投资与收入不平等

人的行为受制度的制约和影响，从一定程度上讲，人的行为是制度的产物。人力资本是由个人投资形成的，无论是居民个人的投资动机、投资行为、由人力资本投资向人力资本转变，还是人力资本形成之后的价值实现，均受到制度的影响。在不同的制度下，人力资本的投资机制、形成机制、价值实现机制均不同，从而带来了居民收入的差距。我们将这种由制度的差异造成的人力资本差异而引起的收入差距，称为人力资本的制度结构效应。

(1) 制度差异与人力资本投资选择

人力资本投资是居民个人在由劳动获取收入与人力资本投资之间选择的结果,在选择的过程中,制度差异会给不同居民带来不同的选择空间和选择成本。首先,不同的制度条件下,居民选择的空间差异较大。比如,在城乡二元制度下,农村教育发展严重滞后,农民人力资本投资的机会要远远少于城市居民,从而造成了农民与市民在人力资本投资起点的差距,农民的整体素质和能力落后于市民。其次,不同教育投资制度下,居民人力资本投资选择的成本差异较大。如在公共教育制度下,教育投资主要由政府承担,居民个人只需要支付时间成本和极少的教育成本,这样居民选择投资教育的成本就比较低。相反,在市场化教育制度下,教育投资主要由居民承担,居民就会因难以承担教育成本而选择辍学,从而失去提高自身能力的机会。

(2) 制度差异与人力资本投资类型选择

在居民进行人力资本投资过程中,制度的差异还会造成人们对不同种类的人力资本的投资差异,而不同种类人力资本能够带来的收入是不同的,从而带来收入差距。在城乡二元体制下,城乡发展水平差距加大,在诸多的人力资本投资类型中,农民只有教育、健康、干中学可以选择,对农民提高技能最为重要的培训则因制度的差异而难以进行,即使在可以选择的这三种类型中,也因制度的差异会有很大差别。如农村和城市实行不同的社会保障制度,就卫生医疗制度而言,农村和城市分别实行新型农村合作医疗制度和城镇社会医疗保险制度,二者在报销比例、报销类别、大病统筹额度等方面差距很大,这就造成了同样的病农民难以承担相关医疗费用而市民则完全可以承担的差异。农民在进行人力资本投资选择时往往出现“吃不起药，看不起病”进而直接放弃治疗的现象。受制度差异的影响，农民往往会选择最基本，也是最能够直接带来收入的人力资本类型，如健康、干中学，而不会选择教育这种对未来收入影响最为重要的人力资本类型。城市市民则由于健康等已经纳入公共服务范围，而更愿意投资教育、培训、科研等对未来收入影响大的人力资本类型。这种选择的结果导致城乡居民收入差距的进一步拉大。

（3）制度差异与人力资本价值实现

居民进行人力资本投资的目的在于可以在未来获得更高的收入，制度差异不仅造成了不同居民人力资本投资和人力资本存量的差异，而且会直接影响到人力资本价值的实现，会使同样的人力资本带来不同的收入。国有企业和私营企业实行不同的制度，同样的一个人从事同样的工作收入差距非常大。在企业和行政事业单位之间也是如此。不仅仅这种体制的差异造成了人力资本价值实现的差异，即使在同一个体制内由于实行不同的薪酬制度，人力资本的价值实现差异也很大。如日本企业实行的薪酬制度是年功序列制，收入差别不大，但增长速度慢，薪酬水平低；而欧美企业一般实行激励工资制度，收入差别大，但总体水平高，增长快。

4 基于人力资本的收入差距模型

人力资本是劳动者的重要资源禀赋，是普通劳动者收入形成的基石。劳动者个体有着各不相同的人力资本存量和结构，在劳动市场中会映射出收入的差距。人力资本是收入差距形成的基本元素，这种元素若与资本、机遇等结合，会将收入差距进一步放大，成为收入差距拉大的重要原因。因此从微观劳动者的选择入手，逐步从微观推及宏观，深入剖析基于人力资本的收入差距模型，对于挖掘收入差距拉大的内在经济规律具有重要意义。

4.1 微观模型

1. 模型的基本假定

假定劳动者个体的一生被分为两个阶段，第一阶段主要进行人力资本投资，第二阶段依靠拥有的人力资本存量赚取收入，并在第二阶段完毕后死亡。在第一阶段，劳动者个体在出生后就会拥有一定的初始收入 y_0(继承或其他途径得到)，他将根据自身初始收入选择消费和人力资本投资。假定人力资本投资的单位费用为 f_0，则劳动者在第一阶段的人力资本投资还面临如下约束：

$$C_0 + n_0 f_0 \leqslant y_0$$

也就是说，劳动者的消费 C_0 和人力资本投资花费总额 $n_0 f_0$

必须小于等于其初始收入 y_0。此外，假定劳动者的最低消费需求为 C_L，劳动者只有在基本消费需求得到满足的条件下，即第一阶段的消费 $C_0 \geqslant C_L$，才会选择进行人力资本投资。

在第二阶段，劳动者依靠第一阶段形成的人力资本存量赚取收入 y_1。假定人力资本存量与第一阶段人力资本投资成固定正比例关系，我们用第一阶段的人力资本投资时间 n_0 来代表劳动者的人力资本水平，人力资本投资时间越长则说明人力资本水平越高。则劳动者个体第二阶段的收入函数为：

$$y_1 = En_0^{\gamma} \quad \text{s.t.} \quad n_0 \geqslant 0, \gamma > 0$$

其中 y_1 为劳动者在第二阶段取得的收入，n_0 为劳动者在第一阶段的人力资本投资时间，E 为全要素生产率，代表除人力资本以外其他因素对收入的影响作用(如人的学习能力等)，γ 代表人力资本对收入的作用弹性。在收入的用途方面，第二阶段劳动者取得收入主要用于自身消费和遗产，假定劳动者对两者的偏好相同。同时我们对 y_1 和 C_L 进行比较，若 $y_1 < C_L$，则劳动者在第二阶段取得的收入将不足以满足自身的消费需求，陷入贫困。这种贫困又会影响到他对下一代的遗产(即下一代的初始收入 y_0)，对下一代的人力资本形成约束，陷入贫困的恶性循环。若 $y_1 \geqslant C_L$，则劳动者可以实现人力资本投资在代际之间持续作用，维持人力资本在收入中的作用。故本章仅仅分析 $y_1 \geqslant C_L$ 情况下的人力资本投资与收入差距模型。

参考盖勒和约瑟夫(Galor and Joseph，1993)的效用函数形式，假定代表性劳动者的效用函数为：

$$U(C_0, y_1) = w\ln C_0 + (1 - w)\ln y_1$$

其中 w 为外生参数，表示第一阶段消费对劳动者效用的弹性，$1-w$ 代表第二阶段收入对劳动者效用的弹性，且 $0<w<1$。劳动者的效用取决于第一阶段的消费 C_0 和第二阶段的收入水平 y_1，且与两者成正相关关系。

2. 模型求解：均衡时的人力资本投资水平

现在，我们来看代表性劳动者在上述情形下的人力资本投资决策。根据上文假定，可以得到劳动者追求效用最大化条件下的微观模型如下：

$$\max U(C_0, y_1) = w\ln C_0 + (1-w)\ln y_1$$

$$\text{s. t. } C_0 + n_0 f_0 = y_0 \quad C_0 \geqslant C_L, f_0 \geqslant 0, n_0 \geqslant 0$$

$$y_1 = En_0^{\gamma} \quad \gamma > 0, y_1 \geqslant C_L$$

将约束条件带入效用函数得：

$$U(C_0, y_1) = w\ln(y_0 - n_0 f_0) + (1-w)\ln(En_0^{\gamma})$$

我们发现，劳动者的效用取决于人力资本的时间 n_0，劳动者可以通过调整 n_0 来实现自身效用最大化。为此，对效用函数求 n_0 的导数得：

$$\frac{\partial U}{\partial n_0} = \frac{-f_0 w}{y_0 - n_0 f_0} + \frac{E\gamma n_0^{\gamma-1}(1-w)}{En_0^{\gamma}}$$

$$= \frac{-n_0 f_0 w + \gamma(y_0 - n_0 f_0)(1-w)}{(y_0 - n_0 f_0)n_0} = 0$$

均衡时的人力资本投资水平 $n_0^* = \dfrac{\gamma y_0(1-w)}{(w+\gamma-\gamma w)f_0}$

n_0^* 与 γ、y_0、w、f_0 有着密切的关系。具体来看：

(1) 均衡时的人力资本投资水平 n_0^* 与初始收入 y_0 成正相关

关系，初始收入 y_0 越高，劳动者越倾向于增加人力资本投资时间。同时也说明初始收入是劳动者接受人力资本投资的一个约束，劳动者的人力资本投资受到初始收入水平的影响。

(2) 均衡时的人力资本投资水平 n_0^* 与人力资本投资的单位费用 f_0 成负相关关系。人力资本投资的单位费用如果较高，劳动者倾向于减少人力资本投资的时间。而人力资本投资的单位费用如果较低，劳动者则倾向于增加人力资本投资的时间。

(3) 均衡时的人力资本投资水平 n_0^* 与人力资本对收入的作用弹性 γ 成正相关关系。我们对 n_0^* 求 γ 的导数，会发现：

$$\frac{\partial n_0^*}{\partial \gamma}=\frac{y_0(1-w)}{f_0}\left[\frac{1}{w+\gamma-\gamma w}+\frac{\gamma(1-w)}{(w+\gamma-\gamma w)^2}\right]$$

$$=\frac{y_0(1-w)}{f_0}\left[\frac{w+2\gamma(1-w)}{(w+\gamma-\gamma w)^2}\right]>0$$

人力资本对收入弹性越大，劳动者越倾向于增加人力资本投资，也就是说收入对人力资本越敏感，劳动者越倾向于通过增加人力资本投资，来提高自身的效用水平。

(4) 均衡时的人力资本投资水平 n_0^* 与第一阶段消费对劳动者效用的弹性 w 成负相关关系。同样，我们对 n_0^* 求 w 的导数得：

$$\frac{\partial n_0^*}{\partial w}=\frac{\gamma y_0}{f_0}\left[\frac{-1}{w+\gamma-\gamma w}+\frac{(\gamma-1)(1-w)}{(w+\gamma-\gamma w)^2}\right]$$

$$=\frac{y_0(1-w)}{f_0}\left[\frac{-1}{(w+\gamma-\gamma w)^2}\right]<0$$

也就是说如果劳动者对第一阶段的消费具有更高的偏好(w 较大)，则会减少人力资本投资；相反若劳动者对第二阶段的收入具有更高偏好($1-w$ 较大)，则倾向于增加人力资本投资。这与我们通常所理解的奢靡导致收入降低而节俭有利于收入增长的生活经验非常契合。

3. 人力资本投资与收入增长

那么人力资本投资是否必然导致收入增长呢？现实经济现象中，我们可以发现通过人力资本投资改变收入状况的种种例证，但也发现存在着因人力资本投资致贫的现象。我们将对此作出分析。

将均衡的人力资本投资水平 n_0^* 代入收入函数，我们可以得到均衡时劳动者在第二阶段的收入水平：

$$\begin{aligned} y_1^* &= E(n_0^*)^\gamma \\ &= E\left[\frac{\gamma y_0(1-w)}{(w+\gamma-\gamma w)f_0}\right]^\gamma \\ &= E\left[\frac{\gamma(1-w)}{(w+\gamma-\gamma w)f_0}\right]^\gamma y_0^\gamma \end{aligned}$$

那么均衡的收入是否实现了收入增长呢？我们可以通过比较 y_1^* 和 y_0 来实现：

令 $\Delta y = y_1^* - y_0$ 得

$$\begin{aligned} \Delta y &= y_1^* - y_0 \\ &= E\left[\frac{\gamma y_0(1-w)}{(w+\gamma-\gamma w)f_0}\right]^\gamma - y_0 \\ &= E\left[\frac{\gamma(1-w)}{(w+\gamma-\gamma w)f_0}\right]^\gamma y_0^\gamma - y_0 \end{aligned}$$

观察 Δy，若 $\Delta y>0$，则说明劳动者通过人力资本投资在均衡时可以实现收入的增长；反之，则说明劳动者通过人力资本投资在均衡时无法实现增收。但是我们会发现 Δy 的大小是多种因素共同作用的结果，初始收入 y_0、人力资本投资的单位费用 f_0、人力资本对收入的作用弹性 γ、第一阶段消费对劳动者效用的弹性 w、全要素生产率 E 都直接影响着它的大小。这使得 Δy 既可能出现大于 0 的情形，也不排除小于或等于 0 的状况。因此人力资本投资还是存在着一定的风险，人力资本投资并不必然导致收入的增长，有可能会造成收入水平的降低。

具体来看，在这些因素中初始收入 y_0、人力资本投资的单位费用 f_0、第一阶段消费对劳动者效用的弹性 w 都是通过影响 n_0^* 的大小，进而影响 Δy。由于 $\gamma>0$，这些因素与 Δy 的关系和它们与 n_0^* 的关系相同。初始收入 y_0 与 Δy 成正相关关系，初始收入的增多有利于劳动者收入增长，这也体现了收入增长的代际延续性。而人力资本投资的单位费用 f_0、第一阶段消费对劳动者效用的弹性 w 与 Δy 成负相关关系，这说明，降低人力资本投资的单位费用和第一阶段消费对劳动者效用的弹性（牺牲当期的消费），有利于未来收入的持续增长。

全要素生产率 E 和人力资本对收入的作用弹性 γ 与收入增长的关系则有着不同的规律，它们表征的是人力资本投资以外其他因素对收入增长的影响。全要素生产率 E 与均衡收入水平 y_1^* 成正比。全要素生产率水平越高，外生环境越有利于人力资本增收作用的发挥，越有利于取得较高的收入水平。而人力资本对收入的作用弹性 γ 与收入增长的关系则比较复杂，我们对 Δy 求 γ 的导数得：

$$\frac{\partial \Delta y}{\partial \gamma} = E\left[\frac{\gamma y_0(1-w)}{(w+\gamma-\gamma w)f_0}\right]^{\gamma}$$

$$\left\{\ln\left[\frac{\gamma y_0(1-w)}{(w+\gamma-\gamma w)f_0}\right]+\gamma\frac{\frac{(1-w)wy_0}{(w+\gamma-\gamma w)f_0}}{\ln\left[\frac{\gamma y_0(1-w)}{(w+\gamma-\gamma w)f_0}\right]}\right\}$$

令 $A=\frac{\gamma y_0(1-w)}{(w+\gamma-\gamma w)f_0}$,

$$\frac{\partial \Delta y}{\partial \gamma}= EA^{\gamma}\,(\ln A+\gamma\frac{\frac{(1-w)wy_0}{(w+\gamma-\gamma w)f_0}}{\ln A})$$

$$= EA^{\gamma}\,(\frac{(\ln A)^2 f_0(w+\gamma-w\gamma)+\gamma w(1-w)}{\ln A\,(w+\gamma-\gamma w)f_0})$$

在上式中$(\ln A)^2$、f_0、$(w+\gamma-w\gamma)$、$\gamma w(1-w)$、A^{γ}、E 均大于0,这样$\frac{\partial \Delta y}{\partial \gamma}$是否大于 0 就直接取决于 $\ln A$ 的符号。根据该函数的特点,我们不难得出:当$\frac{\gamma y_0(1-w)}{(w+\gamma-\gamma w)f_0}>1$ 时,$\frac{\partial \Delta y}{\partial \gamma}>0$,人力资本对收入的作用弹性 γ 与收入增长正相关,人力资本对收入的弹性越大越有利于劳动者增收;当$\frac{\gamma y_0(1-w)}{(w+\gamma-\gamma w)f_0}<1$ 时,$\frac{\partial \Delta y}{\partial \gamma}<0$,人力资本对收入的作用弹性 γ 与收入增长负相关,人力资本对收入作用弹性越小越有利于劳动者增收。

进一步分解:

$$\frac{\gamma y_0(1-w)}{(w+\gamma-\gamma w)f_0}=\frac{\gamma-\gamma w}{w+\gamma-\gamma w}\frac{y_0}{f_0}$$

由于$\frac{\gamma-\gamma w}{w+\gamma-\gamma w}<1$,$\frac{\gamma y_0(1-w)}{(w+\gamma-\gamma w)f_0}$是否大于 1,就取决于$\frac{y_0}{f_0}$的

大小。若 $\frac{y_0}{f_0}>\frac{w+\gamma-\gamma w}{\gamma-\gamma w}$，则 $\frac{\gamma y_0(1-w)}{(w+\gamma-\gamma w)f_0}>1$，$\frac{\partial\Delta y}{\partial\gamma}>0$；若 $\frac{y_0}{f_0}<\frac{w+\gamma-\gamma w}{\gamma-\gamma w}$，则 $\frac{\gamma y_0(1-w)}{(w+\gamma-\gamma w)f_0}<1$，$\frac{\partial\Delta y}{\partial\gamma}<0$。而 $\frac{\gamma-\gamma w}{w+\gamma-\gamma w}$ 是一个大于 1 且小于 2 的数，所以只要 $\frac{y_0}{f_0}$ 的值大于 2，或者更低，人力资本对收入的作用弹性 γ 与收入增长也会成正相关关系。也就是说初始收入要足以满足劳动者一定时间的人力资本投资，如果初始收入不能维持这个最低限度，人力资本对收入的作用弹性 γ 与收入增长就表现为负相关关系。

综上，我们可以发现以上影响收入增长的因素可以被归结为两大类。一类是初始收入 y_0、全要素生产率 E 以及 $\frac{y_0}{f_0}$ 大于一定值时人力资本对收入的作用弹性 γ，它们与收入增长成正相关关系。另一类是人力资本投资的单位费用 f_0、第一阶段消费对劳动者效用的弹性 w 以及 $\frac{y_0}{f_0}$ 小于一定值时人力资本对收入的作用弹性 γ，它们与收入增长成负相关关系。这两大类因素共同作用于收入增长，形成了两股方向相反的力量，使人力资本投资与收入增长之间的关系变得复杂。人力资本投资能否促进收入增长正是这两股力量博弈的结果。然而以上这些因素又是经济系统中其他因素作用的结果。因此经济系统中的其他变量就可以通过这些中间变量，最终对收入增长产生作用。我们可以将这些作用归纳为以下四种：

（1）增强正向作用。如社会福利制度的完善提高了劳动者的收入水平、个人学习能力的增强提高了全要素生产率、人力资本存量供给的不足提高了收入对人力资本的敏感度等，都会增强正向作用，促进收入增长。

(2) 减弱正向作用。如征税导致个人初始收入的锐减、人力资本供过于求导致收入对人力资本的弹性降低等则会减弱正向作用效果，不利于收入增长。

(3) 增强反向作用。如社会变迁导致的人力资本投资的单位费用上涨、社会奢靡之风导致的对当期消费的过度偏好等会放大反向作用，阻碍收入增长。

(4) 减弱反向作用。如中央政府降低人力资本投资的单位费用、良好进取的社会风气等，可以减弱反向作用，有利于收入增长。

4. 人力资本投资与收入差距

前文我们探讨了单个劳动者的收入增长问题，现在我们将范围放大到众多劳动者共存的状态。假定不同的劳动者有着不同的初始收入，众多劳动者的初始收入方差为 $\mathrm{var}(y_0)$，那么劳动者各自通过追求自身利益最大化，最终会导致收入分布发生怎样的改变呢？也就是说人力资本投资是否会导致收入差距的拉大？我们将在前文模型的基础上作出说明。

(1) 从收入方差角度的考察

根据前文模型，代表性劳动者通过人力资本投资会在第二阶段形成均衡的收入水平：

$$y_1^* = E(n_0^*)^\gamma = E\left[\frac{\gamma y_0(1-w)}{(w+\gamma-\gamma w)f_0}\right]^\gamma$$

$$= E\left[\frac{\gamma(1-w)}{(w+\gamma-\gamma w)f_0}\right]^\gamma y_0^\gamma$$

我们对两边取对数得：

$$\ln(y_1^*) = \ln(E) + \gamma\ln\left[\frac{\gamma(1-w)}{(w+\gamma-\gamma w)f_0}\right] + \gamma\ln(y_0)$$

根据前文的假定，我们知道

$\ln(E)+\gamma\ln\left[\frac{\gamma(1-w)}{(w+\gamma-\gamma w)f_0}\right]$是一个常数

接着再对等式两边取方差得：

$$\text{var}[\ln(y_1^*)] = \gamma^2\text{var}[\ln(y_0)]$$

我们发现第二阶段收入取对数后的方差与初始收入取对数的方差之间有着 γ^2 倍的数量关系。收入差距是否拉大关键就是考察 γ^2 的大小。若 $0<\gamma<1$，则第二阶段收入取对数后的方差小于初始收入取对数的方差，人力资本投资会使收入差距得到缩小；若 $\gamma>1$，则第二阶段收入取对数后的方差大于初始收入取对数的方差，人力资本投资会使收入差距扩大。由于 γ 代表收入对人力资本的弹性，因此我们可以认为：如果收入对于人力资本缺乏弹性，收入与人力资本的关系不紧密，则人力资本投资会缩小收入差距；若收入对于人力资本富有弹性，人力资本对收入有着重要的影响，则人力资本投资会拉大收入差距。

(2) 从收入分布函数角度的考察

依据前文模型的结论，第二阶段的均衡收入：

$$y_1^* = E\left[\frac{\gamma(1-w)}{(w+\gamma-\gamma w)f_0}\right]^\gamma y_0^\gamma$$

令 $E\left[\frac{\gamma(1-w)}{(w+\gamma-\gamma w)f_0}\right]^\gamma=D$，则：

$$y_1^* = Dy_0^\gamma$$

我们将在此式的基础上，分析在假定初始收入分布函数已知的基础上，第二阶段均衡收入的分布状况，揭示人力资本投资导致收入分布的变化规律。由于 $y_1 = Dy_0^\gamma$ 是严格单调增加函数，我们可以得到 y_1 的分布函数和密度函数：

$$F_{y_1}(y_1) = P(y_1 \leqslant y_1) = P\left[y_0 \leqslant \left(\frac{y_1}{D}\right)^{\frac{1}{\gamma}}\right] = F_{y_0}\left[\left(\frac{y_1}{D}\right)^{\frac{1}{\gamma}}\right]$$

$$f_{y_1}(y_1) = f_{y_0}\left[\left(\frac{y_1}{D}\right)^{\frac{1}{\gamma}}\right]\frac{1}{\gamma}\left(\frac{y_1}{D}\right)^{\frac{1}{\gamma}-1}\frac{1}{D}$$

这时我们引入初始收入 y_0 的分布函数来讨论：

假定 y_0 服从(a,b)上的均匀分布，我们观察通过人力资本投资后形成的第二阶段均衡收入的分布状况，不难得出 y_1 的密度函数为：

$$f_{y_1}(y_1) = \begin{cases} \dfrac{1}{(b-a)\gamma}\left(\dfrac{1}{D}\right)^{\frac{1}{\gamma}}(y_1)^{\frac{1}{\gamma}-1}, & Da^\gamma \leqslant y_1 \leqslant Db^\gamma \\ 0, & \text{其他} \end{cases}$$

不难发现 y_1 的密度函数已经不同于 y_0，不再是标准的均匀分布。也就是说人力资本投资最终导致收入分布发生了改变，这种改变与 γ 有着密切的关系：

若 $0<\gamma<1$，则 $(y_1)^{\frac{1}{\gamma}-1}$ 为增函数，其余为一常数。这表明在$[Da^\gamma, Db^\gamma]$收入范围内 y_1 的分布随着收入的提高而变得密集，也就是说收入分布有向高收入者集中的趋势。

若 $\gamma>1$，则 $(y_1)^{\frac{1}{\gamma}-1}$ 为减函数，其余为一个常数。表明在$[Da^\gamma, Db^\gamma]$收入范围内整个分布随着收入的降低而变得密集，收入分布有向低收入者集中的趋势。

综上可以看出,从理论上讲人力资本投资既可能扩大收入差距,也可能缩小收入差距。问题的关键就在于人力资本对收入的作用弹性 γ,该弹性系数的大小直接关系着整体的收入分配。然而 γ 的大小是外生于我们的微观模型的,它的取值来源于整体宏观经济的作用。

4.2 宏观模型

宏观经济是微观经济的集合。众多微观经济元素在市场中共同运行,就组成了一种宏观的发展态势。宏观经济与微观经济有着紧密的关联,但也有其独特的运行规律。我们研究人力资本与收入差距的宏观模型,一方面是微观研究推演的需要,我们发现从微观角度观察收入差距问题时将关键点指向了宏观经济因素(如人力资本对收入的作用弹性 γ),这迫使我们需要从宏观经济角度来完善微观模型的外部环境;另一方面是收入差距问题本身特点的要求,收入差距本身衡量的就是宏观现象,因此需要在宏观层面找到问题的症结。

从宏观来看,人力资本从两个大的方面作用于收入差距。①人力资本是推动经济增长的重要因素,有利于做大国民收入的整体“蛋糕”。因此我们需要研究宏观的“人力资本—经济增长”模型。②人力资本会作用于收入分配体系,引起收入分配规则的变迁,最终作用于对财富的分割,即宏观的“人力资本—收入分配”模型。

1. "人力资本—经济增长"模型

在从人力资本角度对经济增长进行的研究中,最有影响力的当属卢卡斯模型。20 世纪 80 年代卢卡斯在舒尔茨、贝克尔等人的研究基础上,进一步分析了提高劳动力质量对经济增长的巨大的推动作用,他分析了人力资本的形成过程,并将其融合到了经济增长模型之中。

具体来看,卢卡斯模型中经济增长可以表示为:

$$Y(t) = AK(t)^{\beta}[U(t)h(t)N(t)]^{1-\beta}h^{\alpha}(t)^{\gamma}$$

其中,$Y(t)$表示第 t 年的产出,$K(t)$表示第 t 年的物质资本存量,$N(t)$为第 t 年的总人口,$U(t)$为劳动者投入到当前生产活动的时间,$h(t)$为劳动者所具备的人力资本水平,A 为外生给定的当前的技术参数,$h^{\alpha}(t)$表示社会平均的人力资本水平。

我们可以在卢卡斯的基础上进一步扩展分析:一是从总量上分析全社会人力资本存量对经济增长的贡献,二是分析人力资本的组成部分各自对经济增长的贡献。

(1) 总量考察

令 $H(t)=V(t)h(t)N(t)$,表示全社会总的人力资本存量,同时用 α 表示全社会人力资本存量对收入的作用弹性,则卢卡斯经济增长函数式可以被改变为:

$$Y(t) = AK(t)^{\beta}[H(t)]^{\alpha}$$

对其两边取对数得:

$$\ln Y(t) = \ln A + \beta \ln K(t) + \alpha \ln[H(t)]$$

测量全社会人力资本存量对经济增长作用弹性的大小以及与

物质资本对经济增长弹性相比较，都变得可行。

(2) 结构考察

根据舒尔茨的观点，人力资本体现在人的身上，表现为人的知识、技能、经验和熟练程度；人力资本投资的范围可以归纳为卫生保健设施和服务、在职培训、正规教育、非由商社组织的成人教育计划、个人和家庭的迁移五种。各种人力资本对经济增长都有着重要的作用，但是不同种类的人力资本在经济增长中的作用大小又各不相同。在借鉴舒尔茨人力资本分类的基础上，本书将人力资本分为教育、卫生、培训、科研、迁移五种。

若引入各种不同的人力资本类别，则经济增长函数将会发生变化：

$$Y(t) = AK(T)^{\beta} \prod_{i=1}^{5} [H_i(t)]\alpha_i$$

对上式两边取对数得：

$$\ln Y(t) = \ln A + \beta \ln K(t) + \sum_{i=1}^{5} \alpha_i \ln H_i(t)$$

各种人力资本对经济增长的贡献即体现为 α_i 的大小。综合以上分析，我们可以得出，无论从总量还是从内在组成部分看，人力资本存量都对经济增长有着重要贡献；这种贡献在经济增长模型中可以被独立分解出来，为实证考察提供了可行性。

2. "人力资本—收入分配"模型

卢卡斯的经济增长函数本质上讲也是一种生产函数，表征了全社会物质资本存量和人力资本存量共同作用下的国民收入增长。这同时也为我们从全社会角度考察收入分配奠定了一定的基础。

根据劳动力市场的运行规律，市场均衡条件为劳动者的报酬等于其边际产品价值。我们在此分析人力资本需要注意的一点是：人力资本与劳动者是共存的，人力资本总是依附于一定的劳动力，没有脱离劳动力的人力资本。那么研究宏观视角下全社会人力资本与收入分配的关系，就可以通过分析劳动力市场来实现。

假定，劳动力的工资水平为 w，那么劳动力市场均衡时的条件可以表示为：

$$MRP_H = w$$

$$PAK^{\beta}\alpha H^{\alpha-1} = w$$

这样我们就得到了宏观劳动力市场均衡时的人力资本回报，可以发现它与宏观经济增长中的其他要素的关联。然而收入分配问题不仅是宏观问题，也是微观问题。收入分配与宏观经济增长、微观经济运行都有着紧密的联系，并且在两者的作用中实现了整体的均衡。为此我们有必要将宏观和微观结合起来分析。

根据前文的微观模型，我们知道劳动者通过在生命的第一阶段进行人力资本投资，会在第二阶段形成收入回报，第二阶段的收入 $y_1 = En_0^{\gamma}$。然而根据我们对宏观模型的分析，我们知道劳动者的人力资本在劳动力市场的回报率 $w = PAK^{\beta}\alpha H^{\alpha-1}$。

显然要想实现宏观、微观的均衡就需要 $y_1 = w$。

这样我们就可以得到：

$$En_0^{\gamma} = PAK^{\beta}\alpha H^{\alpha-1}$$

进一步得：

$$\gamma = \log_{n_0}\left(\frac{PAK^{\beta}\alpha H^{\alpha-1}}{E}\right) = \frac{\ln(PAK^{\beta}\alpha H^{\alpha-1}) - \ln E}{\ln n_0}$$
$$= \frac{\ln P + \ln A + \beta \ln K + \ln \alpha + (\alpha - 1)\ln H - \ln E}{\ln n_0}$$

人力资本的收入弹性 γ 是多种因素共同作用的结果。全要素生产率、价格水平、物质资本存量、人力资本对经济增长的贡献度都通过影响经济增长进而与人力资本的收入弹性 γ 成正相关关系。这些因素在推动经济增长、做大"蛋糕"的同时增加了人力资本的回报效率。而社会总人力资本存量则与人力资本的收入弹性 γ 负相关。社会总人力资本存量的增大和供给的增多,在需求一定的情况下必然导致回报效率的降低。同时我们也发现,个人的人力资本全要素生产率(学习能力)、个人人力资本投资时间与人力资本的收入弹性负相关。这并不是说个人的学习能力越差、人力资本投资时间越短,越有利于提高人力资本回报效率。这一发现有两层含义:一是在个人收入外在给定为常数的条件下,个人人力资本全要素生产率和个人人力资本投资时间与人力资本的收入弹性 γ 成反比例;二是随着个人人力资本全要素生产率和个人人力资本投资时间的提升,全社会人力资本存量增加,人力资本供给增加,从而降低了人力资本的收入弹性。不难看出,在综合宏观、微观角度分析之后,多种影响经济增长的因素会最终作用于人力资本投资的回报效率,从而影响收入分配。

再结合前文,我们会进一步发现,人力资本的收入弹性 γ 正是微观模型中影响收入差距和收入分布函数的关键变量。若 $0<\gamma<1$,微观模型中通过个人人力资本投资会缩小劳动者之间的收入差距;若 $\gamma>1$,则个人人力资本投资会拉大收入差距。从收入分布来看，假定初始收入服从均匀分布，若 $0<\gamma<1$，人力资本投资会导致个人收入在高收入密集分布；若 $\gamma>1$，人力投资则会导致个人收入在低收入密集分布。

总之，从宏观分析来看，人力资本会作用于经济增长和收入分配两个环节，最终决定人力资本的收入弹性 γ，而宏观环境决定的人力资本的收入弹性 γ 等因素又会传导到微观经济环境中，促使微观收入分配机制发生变化，最终形成收入差距。

4.3 小结

人力资本是劳动者收入形成的基础，人力资本投资是收入差距形成的一条重要主线。围绕对劳动者的人力资本投资的分析，我们得出了收入差距形成的微观、宏观模型。模型分析表明：人力资本投资在收入差距中起着重要的基础性作用，但它并不是唯一的决定性因素。人力资本是否导致收入增长、引起收入差距拉大，是多种相关因素共同作用的结果。经济系统中的多种因素通过各种关联最终作用于人力资本投资对收入的影响机制，从而使得人力资本投资与收入之间呈现出多种多样的相关关系。这也就表明，对人力资本与收入差距关系的分析需要与所处的社会经济发展环境相结合来分析，不同的经济发展时期，各种因素的作用效果也会有所区别。

5 我国人力资本存量和居民人力资本结构考察

人力资本是现代经济中决定居民收入的主要因素，其存量是人力资本水平的标志，其结构则直接影响居民收入。在前文的理论分析中，我们发现人力资本存量和人力资本结构均对居民收入差距有较大的影响。为进一步考察人力资本存量和人力资本结构对我国居民收入差距的影响，本章对我国人力资本存量和居民人力资本结构进行考察和测算。

5.1 我国居民人力资本存量测算与分析

1. 我国人力资本存量估算的基本范畴和方法

(1) 估算范围

人力资本是一个比较宽泛的名词。舒尔茨认为，人力资本主要指凝聚在劳动者身上的知识、技能及其所表现出来的劳动能力。在《人力资本投资》一书中，舒尔茨将人力资本投资的范围和内容归纳为五个方面，即①卫生保健设施和服务，概括地说包括影响人的预期寿命、体力和耐力、精力和活动的全部开支；②在职培训，包括由商社组织的旧式学徒制；③正规的初等、中等和高等教育；

④非由商社组织的成人教育计划,特别是农业方面的校外学习计划;⑤个人和家庭进行迁移以适应不断变化的就业机会。这种分析得到了很广泛的认同,也为人力资本存量估算提供了基础。

但由于数据收集困难等原因,目前对人力资本的估算很少能按照舒尔茨设想的五部分来进行。早期的学者们采取的人力资本估算范围各有差异。在侯凤云(2007)的测算中,人力资本的范围包括教育、文化、科研、健康、干中学和就业迁移六种类别;谭永生(2007)则把人力资本的范围定义为教育、在职培训、卫生保健、迁移流动四个部分;钱雪亚(2008)则认为人力资本涵盖了教育培训投资、卫生保健类投资。此外,还有部分学者用教育简单地替换人力资本进行估算。

确定范围是估算人力资本存量的基础,直接关系着最终结果的准确度和适用性。在综合比较各种人力资本估算范围之后,我们认为对我国人力资本存量的估算应当在数据许可的条件下,尽量包含更多的人力资本种类。为此,在综合目前数据收集状况等条件下,把人力资本估算范围定义为教育、卫生、科研、培训和迁移五种人力资本的总和。

(2) 估算方法

本书拟采用永续盘存法作为人力资本存量估算的基本方法。该法常被用于物质资本存量的估算。现已有学者将其用于估算人力资本存量,如肯德里克(Kendrick,1976)、侯凤云(2007)、钱雪亚(2008)等。

依据该法,当年的人力资本存量为上一年人力资本存量剔除折旧之后与本年度新增人力资本投资之和。计算公式为:

$$H_t=(1-\delta)H_{t-1}+I_t$$

H_t 为 t 年人力资本存量，H_{t-1} 为 $t-1$ 年人力资本存量，I_t 为 t 年人力资本投资额，δ 为人力资本折旧率。

人力资本是一个宽泛的概念，统计数据中并没有直接关于人力资本的数据，我们只能通过对教育、卫生、科研、培训和迁移五种人力资本分别估算，然后加总生成人力资本存量。因此，人力资本存量计算公式为：

$$H_t=\sum_{i=1}^{5}H_{it}=\sum_{i=1}^{5}[(1-\delta_i)H_{i(t-1)}+I_{it}]$$

H_{it} 为第 i 种人力资本 t 年的人力资本存量，I_{it} 为第 i 种人力资本 t 年人力资本投资额，δ_i 为第 i 种人力资本的折旧率。$i=1$，2，3，4，5，分别表示教育、卫生、科研、培训、迁移。

2. 我国人力资本存量估算的关键环节

(1) 基年各项人力资本存量的估算

目前，我国学者一般选择 1952 年或 1978 年作为人力资本存量估算的基年。本书将 1978 年作为基年。

由于缺乏我国早期各项人力资本投资的统计数据，学者们对于基年人力资本存量的估算方法各不相同。侯风云(2007)的做法是将 1952—1978 各年投资额累加值作为 1978 年人力资本存量，如将 1952—1978 年文教卫生事业费逐年累加值作为文教卫生 1978 年的存量。该法的优点是计量方法简单，但以前 25 年的投资加总额直接作为基年存量缺乏科学的解释。钱雪亚(2008)的做法则是假设第一期的资本存量是过去所有投资的加总，将投资时间序列近似地表示为 $I(t)=I^{*}e^{\lambda t}$，其中 I^{*} 为历史初期的资本投资，在计量模拟得到 I^{*} 和 λ 的基础上，得出第一期的人力资本存量 $K(0)=\int_{-\infty}^{0}I(t)dt=I^{*}e^{\lambda}/\lambda$。运用此方法，钱雪亚得出 1995 年我国人力资本存量为 11250 亿元。该方法巧妙地回避了数据缺乏的困难，但线性拟合与实际数值存在一定的差距。此外，线性拟合一般用于对未来的预测，对于过去较长数据进行拟合一般不常用。

本书在充分比较上述方法以及基年物质资本存量估算方法的基础上，选择借鉴张军、章元(2003)基年物质资本存量的估算方法，并加以改造，用于对基年我国各种人力资本存量进行估算。假定 1977 年我国某种人力资本存量为 X，而 1978 年和 1979 年的该种人力资本投资额已知分别为 A、B，居民收入总额已知分别为 C、D。再假定 1978 年和 1979 年人力资本收入比相同，也就是说假定在 1978 年和 1979 年该种人力资本对居民总收入的贡献比没有发生变化。1978 年和 1979 年处在我国改革开放初期，人力资本在居民收入中作用的变化并不大，因此本书的假设有一定的可行性。这样我们就可以得到以下等式：

$$\frac{X+A}{C}=\frac{X+A+B}{D}$$

求解方程可得：

$$X=\frac{CA+BC-DA}{D-C}$$

即可得到 1977 年我国该种人力资本存量。

(2) 当期各项人力资本投资指标的选取

对于教育人力资本而言，本书用每年“教育总经费”来表示当年的教育人力资本投资额。需要指出的是，中国的教育体制在1985年发生了转折。1985年5月中共中央、国务院召开了全国教育工作会议，并通过了《中共中央关于教育体制改革的决定》。《决定》指出“地方要鼓励和指导国营企业、社会团体和个人办学，并在自愿的基础上，鼓励单位、集体和个人捐资办学”，从而结束了办学体系由政府包揽的局面。因此，在本书的数据中，1978—1985年教育总经费采用《新中国五十五年统计资料汇编》的“国家财政用于教育的支出”来表示；1992—2007年教育总经费用《中国统计年鉴》中的“教育总经费”表示；1986—1991年教育总经费依据历年“国家财政用于教育的支出”与“教育总经费”的关系拟合得到。

卫生人力资本方面，本书用每年的“卫生总经费”来表示当年的卫生人力资本投资额，数据来源为《中国卫生统计年鉴2007》。

科研人力资本方面，用“科研总支出”指标来表示当年科研人力资本投资额。该指标1978—2004年数据来源于《新中国五十五年统计资料汇编》，2005—2007年数据来源于2006—2008年《中国统计年鉴》。

受现有统计数据的影响，培训人力资本投资和迁移人力资本投资无法找到直接的指标来计量，本书借鉴谭永生(2007)的做法。在谭永生的《人力资本与经济增长》中指出：“劳动和社会保障部2004年4月对全国40个城市技能人才状况抽样调查的结果显示……企业职工教育经费投入占职工工资总额的1.4%，未达到国家规定1.5%的最低比例……为方便技术处理，我们用企业职工工资总额的1.5%经费代替职工在职培训的投入。”对于迁移人力资本的计量，谭永生指出："现阶段我国人口迁移流动的主要表现是农村剩余劳动力在城乡之间、自愿性、以务工经商为目的的迁移流动。"而对于这部分人口的计量，谭永生发现1978—1992年我国农村人口流动数与乡镇企业就业人数的一半相接近，同时考虑到我国农村劳动力转移近60%为"兼业型"，而流向也主要是乡镇企业，故用1978—1992年我国乡镇企业就业人数的一半代替农村人口流动数，1993年起数据来源于国家统计局等。本书在谭永生数据的基础上进一步完善，从而得到了1978—2007年各年人口迁移数。在此基础上，我们假定迁移成本主要是机会成本，而迁移本身耗费成本较小，由此我们得到了每年迁移人力资本为迁移人数与农村居民人均纯收入的乘积。

(3) 人力资本投资价格指数的确定

在人力资本存量估算中，为避免价格波动对人力资本存量估算的影响，我们需要对收集到的各项人力资本投资数据剔除价格变动因素的影响。目前学者们在这方面采用了多种方法。相当一部分学者，例如沈利生(1999)，采用了"居民消费价格指数"来消除价格因素的影响；钱雪亚(2008)则是依据固定资产投资价格指数的编制思路和方案，将教育事业经费分解，构建了一个包含常规性支出和专门性支出的人力资本价格指数；侯风云(2007)则选择按照当年价格进行计算。

我们认为人力资本投资价格指数具有自身的独特性。它既不同于消费品价格指数，也不同于单纯的资本品价格指数。人力资本投资中部分支出与消费品直接相关，如教育人力资本投资中学习用品的支出、卫生人力资本投资中医药费用的支出等。但仍有很大的一部分不是消费品，如国家对教育基础设施建设的投资等。这样我们既不能直接利用消费品价格指数，也不能直接利用固定资产投资价格指数，而是要将两者有机结合。但由于我们很难把握人力资本投资中两者的准确比重，因此构建人力资本投资价格指数比较困难。本书最终选用 GDP 平减指数来近似代替真实的人力资本投资价格指数。GDP 平减指数是一个综合性的价格指数，将消费品和资本品的因素都囊括在其内，它的计算基础比 CPI 广泛得多，涉及全部商品和服务，除消费品外，还包括生产资料和资本、进出口商品和劳务等。因此，这一指数能够更加准确地反映一般物价水平走向。此外 GDP 平减指数中，与投资相关的价格水平在其中具有更高的权重。这些都与我们对人力资本投资价格指数的要求相近。

(4) 折旧率的选择

同物质资本存在损耗一样，人力资本同样会出现自然折旧。这既包括知识的遗忘、劳动者的死亡等，也包括由于知识的更新而引起的折旧。几乎所有的学者在计算人力资本存量的过程中，都会对人力资本折旧进行特殊的关注。不过由于研究的角度不同，折旧的处理方法存在着一定的差异。侯风云(2007)的做法是假定人的一生中 1—44 岁为人力资本增长期，45 岁开始加速折旧，到 65 岁折旧完毕。这样她得到人力资本每年折旧量＝人力资本形成年数/人力资本折旧年数＝44/21＝2.095。接着运用直线折旧法，推出人力资本年折旧率＝每年折旧量/折旧年数＝2.095/21＝9.98％。该法通过将人的一生巧妙分为两个时期，为计算折旧提供了一条渠道，但是该法得出的折旧率

9.98%却不可信。按照这样的折旧率只要约10年即在55岁时人力资本将折旧完毕。这与其假定的65岁折旧完毕存在一定的出入。钱雪亚(2008)则另辟蹊径,她的做法是假定资本品在寿命终了时的残值率为S,资本品的寿命期为T,由于$S=(1-\delta)^T$,则$\delta=1-\sqrt[T]{S}$。对于一般性人力资本,钱雪亚用65岁以上人口比例近似代替人力资本残值率,人力资本寿命值取42,由此得折旧率为3.66%,专业人力资本折旧率为7.19%,两者加权平均得人力资本折旧率为5.14%。

前述的各种估算方法为合理把握人力资本折旧提供了重要的支撑。本书在此基础上进一步推演。借鉴会计学上的直线折旧法假定我国居民人力资本存量从其接受完人力资本投资开始折旧,到60岁退出劳动力市场,并将自身人力资本存量完全折旧为0,这样

$$折旧率=\frac{1}{人力资本的平均寿命}$$

人力资本的平均寿命=60-人力资本投入使用的平均时间。

但人力资本形式多样,各种人力资本都有着自己独特的形成方式和性质,它们投入使用的时间各不相同,折旧率自然也不相同。本书将分别考察五种人力资本的折旧率。对于教育而言,我国居民开始接受教育的平均时间大概为8岁,1978—2007年我国居民平均受教育年限取中间值约为8年,这样可以得到我国居民教育人力资本开始投入使用的平均时间约为16岁,教育人力资本的折旧率则为2.27%。卫生人力资本则不像教育那样有明确的投资完成时间,事实上卫生投资很大程度上是伴随一生的。为了

规避上述测算上的困难，我们用“60－我国居民平均年龄”来表示卫生人力资本的平均寿命。根据中国人口普查数据，我国人口平均年龄在1978—2007年小幅增长，本书取其近似中间值30。同时从医学研究角度看人的健康也是从30岁开始下滑。因此我们的卫生人力资本折旧率＝1/(60－我国居民平均年龄)＝3.33％。培训人力资本同卫生人力资本一样，具有伴随一个人全部职业生涯的特性，因此我们采用同样的方法，培训人力资本折旧率＝1/(60－我国居民平均年龄)＝3.33％。科研人力资本又具有其独特的特点，科研人力资本的收益与科研产品和专利本身的收益密切相关，因此我们用科研产品的专利保护期来说明科研人力资本的寿命，即通过计量科研产品从问世起至收益结束的时期，来近似表示科研人力资本的平均寿命。在我国，专利分为发明、实用新型和外观设计三种，发明专利的保护期限为20年，实用新型专利的保护期限为10年，外观设计专利的保护期限为10年。超过这个年限，专利发明对个人的收益将十分微弱，因此我们用近似均值15年来衡量科研人力资本的平均寿命，这样可得科研人力资本折旧率为6.67％。此外迁移人力资本也是一个特例，由于我们对迁移人力资本的测算主要是依据机会成本，因此在此我们假定迁移人力资本在当年就折旧完毕，迁移人力资本不具有积累性。

3. 我国居民人力资本存量分析

通过上述运算，本书估算出了1978—2007年我国居民人力资本存量。具体数据见表5—1。

表 5—1 我国居民人力资本存量及构成表 （单位：亿元）

年份	教育人力资本存量	卫生人力资本存量	迁移人力资本存量	培训人力资本存量	科研人力资本存量	人力资本存量总和
1978	486.15	651.37	37.76	50.07	310.44	1535.81
1979	563.00	747.43	45.00	57.46	345.88	1758.76
1980	653.97	851.30	53.38	65.96	378.89	2003.50
1981	748.23	963.67	60.32	74.57	405.90	2252.69
1982	853.82	1087.99	76.65	83.74	434.39	2536.59
1983	971.34	1232.70	90.45	93.18	472.06	2859.73
1984	1101.31	1392.88	159.16	104.21	516.63	3274.18
1985	1297.55	1556.94	216.57	116.39	556.92	3744.37
1986	1528.21	1732.57	250.63	130.44	598.07	4239.93
1987	1762.70	1934.80	288.61	145.42	633.45	4764.99
1988	2019.19	2168.55	328.81	161.81	662.69	5341.04
1989	2294.89	2442.89	328.24	178.53	688.04	5932.59
1990	2589.63	2759.15	350.00	196.13	713.64	6608.55
1991	2911.40	3112.13	350.77	214.43	743.33	7332.05
1992	3248.53	3513.04	396.46	234.46	777.85	8170.34
1993	3602.96	3946.58	470.39	256.12	813.05	9089.10
1994	4019.82	4398.65	503.00	280.67	844.67	10046.82
1995	4481.61	4879.93	611.61	306.71	873.41	11153.27
1996	5005.83	5458.93	736.77	333.77	907.33	12442.62
1997	5582.24	6138.97	533.96	360.69	953.29	13569.15
1998	6266.29	6934.91	762.62	386.59	1004.92	15355.33
1999	7056.47	7818.61	800.12	414.51	1082.56	17172.27
2000	7946.28	8795.83	806.50	443.83	1160.38	19152.84
2001	9005.58	9831.75	847.13	475.97	1262.58	21423.01
2002	10257.50	11026.31	894.69	512.01	1385.61	24076.11
2003	11632.53	12345.78	943.37	551.60	1534.57	27007.86
2004	13122.94	13753.32	1009.45	593.97	1702.68	30182.37
2005	14789.75	15294.25	1109.54	642.71	1886.74	33722.99
2006	16664.05	16977.13	1213.45	699.02	2124.11	37677.77
2007	18885.28	18631.54	1368.25	765.41	2346.96	41997.44

(1) 本书的估算数据基本符合我国人力资本的实际。为了便于比较，本书将估算结果与侯风云(2007)、沈利生(1999)、钱雪亚(2008)、谭永生(2007)等人的测算结果进行了比对，见表 5—2。结果显示，我们的估算与其他学者的结果比较接近。侯风云、钱雪亚等的测算虽然比我们估算的结果高，但是剔除价格因素的影响之后相差应该不大。

表 5—2 各种人力资本存量测算结果比较

年 份	侯凤云(按当年价格计算,单位:亿元)	沈利生、朱运法(按1990年不变价,单位:亿元)	钱雪亚(按1995年不变价,单位:万亿元)	谭永生(按1978年不变价,单位:亿元)	本书(按1978年不变价,单位:亿元)
1978	2090.45			1656.33	1535.81
1979	2301.56			2007.36	1758.76
1980	2543.59			2324.70	2003.50
1981	2766.90	2584.54		2656.53	2252.69
1982	3063.57	3229.28		3072.67	2536.59
1983	3339.02	4239.09		3565.17	2859.73
1984	3691.34	5238.14		4220.30	3274.18
1985	4167.85	6519.02		4758.72	3744.37
1986	4673.94	6485.74		5432.88	4239.93
1987	5222.80	6456.89		6082.10	4764.99
1988	6037.07	7266.90		6329.53	5341.04
1989	6963.98	7447.58		6459.78	5932.59
1990	7739.60	8561.17		7603.15	6608.55
1991	8557.92	10191.91		8792.21	7332.05
1992	9592.73	11297.29		10089.58	8170.34
1993	11291.19	11803.30		11177.45	9089.10
1994	13708.27	12818.14		12577.31	10046.81
1995	16335.12	13065.28	1.13	14957.69	11153.27
1996	19078.75		1.21	16985.94	12442.62
1997	21545.11		1.59	18160.22	13569.15
1998	24660.65		1.69	21622.39	15355.32
1999	27975.46		1.89	25427.07	17172.26
2000	32052.79		2.86	31382.33	19152.83
2001	36899.13		3.08	39012.74	21423.01
2002			3.35	45911.90	24076.11
2003			3.96	53217.35	27007.86
2004			4.29	61123.79	30182.36
2005			3.57		33722.98
2006					37677.77
2007					41997.44

(2) 我国人力资本存量在过去的三十多年中有了飞速的增长。如表5—3、图5—1所示，1978年我国人力存量仅1535.81亿元，到2007年我国人力资本存量已经达到了41997.44亿元，是1978年的27.3倍，年均增长12.08%。从人均人力资本存量来看，我国人均人力资本存量从1978年的159.55元，增长到了2007年的3178.52元，翻了20倍，年均增长10.87%。

表5—3 1978—2007年我国人力资本总存量与人均存量

年　份	人力资本存量(亿元)	人均人力资本存量(元)
1978	1535.81	159.55
1979	1758.76	180.31
1980	2003.50	202.98
1981	2252.69	225.11
1982	2536.59	249.53
1983	2859.73	277.62
1984	3274.18	313.75
1985	3744.37	353.74
1986	4239.93	394.39
1987	4764.99	435.96
1988	5341.04	481.06
1989	5932.59	526.39
1990	6608.55	578.01
1991	7332.05	633.04
1992	8170.34	697.30
1993	9089.10	766.90
1994	10046.81	838.28
1995	11153.27	920.84
1996	12442.62	1016.65

续表

年 份	人力资本存量(亿元)	人均人力资本存量(元)
1997	13569.15	1097.60
1998	15355.32	1230.78
1999	17172.26	1365.20
2000	19152.83	1511.15
2001	21423.01	1678.56
2002	24076.11	1874.31
2003	27007.86	2089.95
2004	30182.36	2321.93
2005	33722.98	2579.08
2006	37677.77	2866.36
2007	41997.44	3178.52

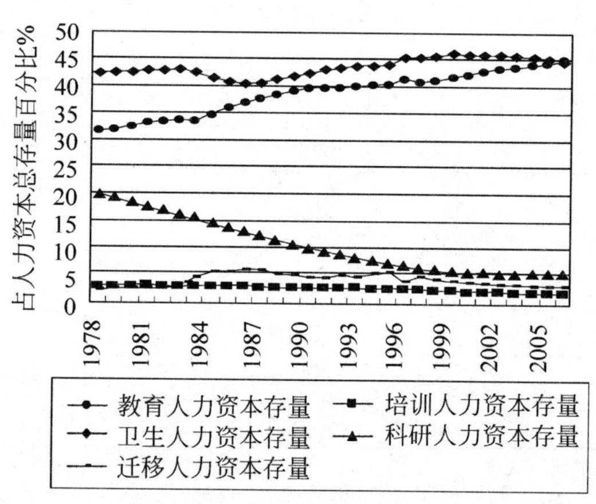

图 5—1 1978—2007 年我国人均人力资本存量

(3) 从人力资本存量的结构来看，教育和卫生是我国人力资本存量的主体。在改革开放初期，我国各种人力资本存量之间的差别并不大。1978 年教育人力资本存量和卫生人力资本存量占总人力资本存量的 74.06%。随着改革的推进，尤其是从 1985 年起，教育人力资本和卫生人力资本在居民总人力资本存量中的比重持续提升，到 2007 年教育和卫生占总人力资本存量的比重达到了 89.33%(见图 5—3)。当然，这种结果与我国教育卫生体制改革以及经济体制改革有着紧密的联系。1985 年正是我国教育体制改革的关键一年，从这一年起我国国家单一办学主体的局面被打破，社会投资开始参与到教育中来。此外，我国卫生体制改革也在逐步拉开序幕。我国教育、卫生投资增长速度要远远快于其他类型的人力资本投资。

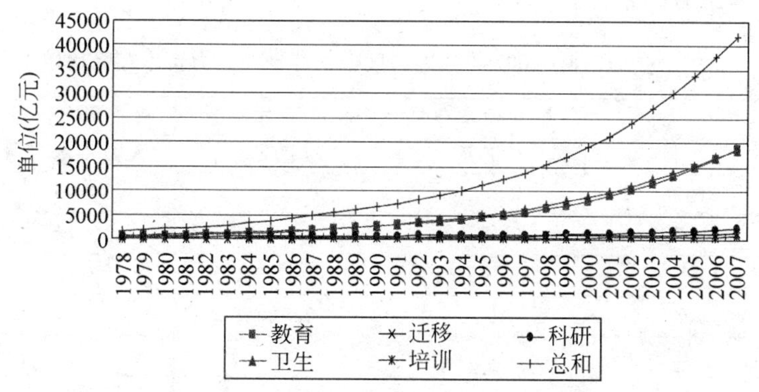

图 5—2 1978—2007 年我国各种人力资本存量变化图

(4) 与物质资本存量相比，我国人力资本存量增长更为明显。本章引用雷辉(2009)对我国 1978—2007 年物质存量的估算结果，对我国人力资本存量与物质资本存量进行了比对(见表 5—4)。1978 年我国物质资本存量和人力资本存量分别为 6254.4 亿元和 1535.81 亿元，两者比值为 4.07 : 1。到 2007 年两者都有了飞速增长，存量分别达到 117908.2 亿元和 41997.44 亿元，比值为

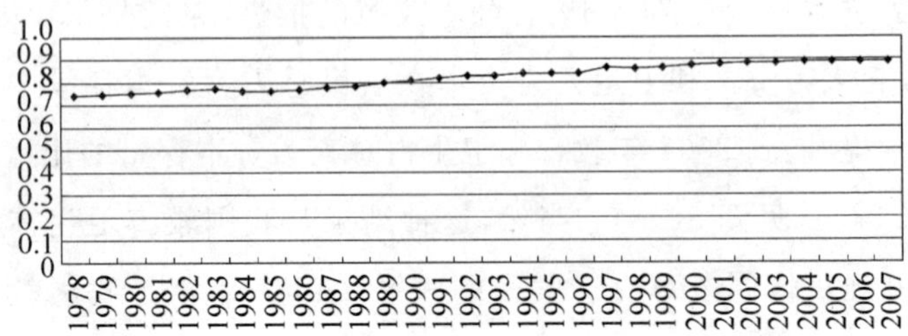

图 5—3　1978—2007 年我国教育和卫生人力资本存量在人力资本总量中比重变化趋势

2.81∶1。人力资本经过改革开放以来的积累，初步具备了和物质资本比肩的条件。

表 5—4　1978—2007 年我国物质资本存量与人力资本存量比较

年份	物质资本存量（亿元）	人力资本存量（亿元）	物质资本存量/人力资本存量
1978	6254.4	1535.81	4.07
1979	6772.7	1758.76	3.85
1980	7365.3	2003.50	3.68
1981	7801.8	2252.69	3.46
1982	8386.1	2536.59	3.31
1983	9070.4	2859.73	3.17
1984	9981.4	3274.18	3.05
1985	11089.4	3744.37	2.96
1986	12302.7	4239.93	2.90
1987	13736.2	4764.99	2.88
1988	15263.1	5341.04	2.86
1989	16254.6	5932.59	2.74
1990	17233.6	6608.55	2.61
1991	18519.4	7332.05	2.53

续表

年份	物质资本存量（亿元）	人力资本存量（亿元）	物质资本存量/人力资本存量
1992	20315.3	8170.34	2.49
1993	22775.9	9089.10	2.51
1994	25778.6	10046.81	2.57
1995	29205.5	11153.27	2.62
1996	32925.0	12442.62	2.65
1997	36676.0	13569.15	2.70
1998	40763.8	15355.32	2.65
1999	44996.9	17172.26	2.62
2000	49593.7	19152.83	2.59
2001	54856.9	21423.01	2.56
2002	60981.9	24076.11	2.53
2003	68761.5	27007.86	2.55
2004	77873.5	30182.36	2.58
2005	89617.1	33722.98	2.66
2006	103049.7	37677.77	2.74
2007	117908.2	41997.44	2.81

（5）我国人力资本产出比呈现小幅下降的态势。1978 年人力资本产出比为 0.42，同年物质资本产出比为 1.72；而到了 2007 年人力资本产出比达到了 0.17，物质资本产出比为 2.14，见表 5—5。改革开放以来人力资本产出比小幅降低，显示人力资本的产出效率有所下降。但人力资本的资本产出比远低于物质资本产出比，这说明人力资本对产出的弹性远高于物质资本。在我国经济发展的现阶段，单一依靠物质资本扩张拉动的经济增长模式已经呈现效率递减趋势，人力资本必将是驱动经济发展方式转变的核心动力。

表 5—5　1978—2007 年我国资本产出比

年份	人力资本产出比	物质资本产出比
1978	0.42	1.72
1979	0.43	1.73
1980	0.44	1.74
1981	0.46	1.75
1982	0.48	1.73
1983	0.48	1.68
1984	0.45	1.60
1985	0.41	1.57
1986	0.41	1.61
1987	0.40	1.61
1988	0.36	1.61
1989	0.35	1.64
1990	0.35	1.67
1991	0.34	1.65
1992	0.30	1.59
1993	0.26	1.56
1994	0.21	1.56
1995	0.19	1.62
1996	0.18	1.66
1997	0.17	1.69
1998	0.18	1.76
1999	0.19	1.79
2000	0.20	1.81
2001	0.20	1.86
2002	0.20	1.88
2003	0.20	1.92
2004	0.19	1.97
2005	0.18	2.04
2006	0.18	2.10
2007	0.17	2.14

5.2 我国居民人力资本投资结构考察

人力资本投资是一个范畴相对宽泛的概念，教育、卫生、培训、科研、迁移等都是它的具体投资形式。人力资本投资结构就是指这些具体部分在总人力资本投资中的份额。由于投资可分为流量与存量，我们分别考察人力资本投资流量结构和存量结构。

1. 人力资本投资流量结构

表5—6展现了1978—2007年间我国各类人力资本投资流量的状况。从中可以看出改革开放三十多年来我国各类人力资本投资都呈现出逐年递增的态势。1978年我国各类教育人力资本投资为75.05亿元，到2007年教育人力资本投资已经发展到12148.07亿元，是1978年的161.9倍，年均增长19.2%；与此同时，卫生投资增长为1978年的95.2倍，培训投资为1978年的49.6倍，科研投资为1978年的33.7倍，迁移投资为1978年的165.4倍。

表5—6 1978—2007年我国各类人力资本投资流量状况（单位：亿元）

年份	教育	卫生	培训	科研	迁移
1978	75.05	110.21	8.53	52.89	37.76
1979	93.16	126.19	9.70	62.29	46.61
1980	114.15	143.23	11.59	64.59	57.38
1981	122.79	160.12	12.30	61.58	66.34
1982	137.61	177.53	13.23	65.29	84.08
1983	155.24	207.42	14.02	79.10	100.21
1984	180.88	242.07	17.00	94.72	185.04

续表

年份	教育	卫生	培训	科研	迁移
1985	290.10	279.00	20.75	102.59	277.49
1986	357.27	315.90	24.90	112.57	336.38
1987	388.80	379.58	28.22	113.79	407.33
1988	480.00	488.04	34.74	121.12	520.13
1989	564.85	615.50	39.28	127.87	563.41
1990	644.86	747.39	44.27	139.12	635.84
1991	756.04	893.49	49.86	160.69	680.90
1992	867.05	1096.86	59.09	189.26	832.97
1993	1059.94	1377.78	73.74	225.61	1137.74
1994	1488.78	1761.24	99.85	268.25	1467.33
1995	1877.95	2155.13	121.50	302.36	2029.25
1996	2262.34	2709.42	136.20	348.63	2601.83
1997	2531.73	3196.71	141.08	408.86	1914.17
1998	2949.06	3678.72	139.45	438.60	2710.40
1999	3349.04	4047.50	148.13	543.85	2807.99
2000	3849.08	4586.63	159.84	575.62	2888.76
2001	4637.66	5025.93	177.46	703.26	3096.57
2002	5480.03	5790.03	197.42	816.22	3289.51
2003	6208.27	6584.10	221.15	975.54	3559.09
2004	7242.60	7590.29	253.50	1168.61	4071.66
2005	8418.84	8659.91	296.85	1334.91	4645.55
2006	9815.31	9843.34	348.99	1688.50	5265.82
2007	12148.07	10488.00	423.66	1783.04	6247.71

与此同时，人力资本投资流量结构也发生了变迁。图 5—4 是 1978—2007 年间我国人力资本投资流量结构图。从中可以看出：改革开放以来，教育人力资本投资和卫生人力资本投资占据绝对主导地位，两者占年度人力资本总额的比重最低时为 58.7%，最高时达到 73.1%。从历史演进来看，改革开放以来教育人力资本投资和卫生人力资本投资所占比重呈现出波动上扬的态势，1978

年两者占总人力资本投资的 65.1%，到 2007 年已经增长为 72.8%。与此相对应，科研、培训等人力资本投资份额却相对降低，虽然从总量上来看增长明显，但是增长速度相对较慢。

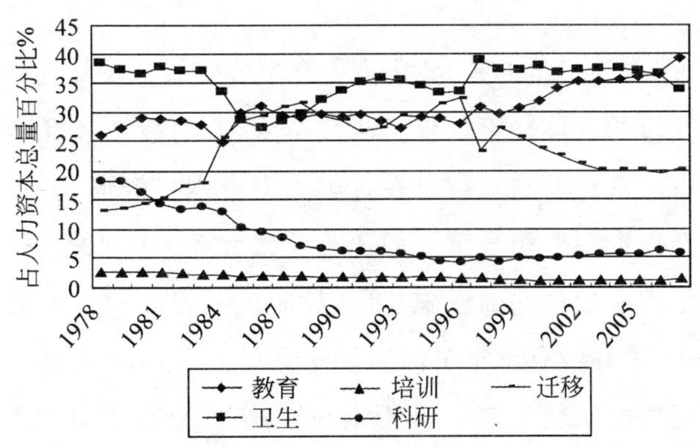

图 5—4　1978—2007 年我国人力资本投资流量结构图

人力资本投资流量反映了当年人力资本投资形成的状况，同时也反映了年度人力资本投资的活跃程度。改革开放以来，我国人力资本投资流量的迅速增长表明人力资本投资的日渐活跃，人力资本投资正日渐受到居民的重视。这可以从我国教育卫生事业发展的历史得到印证。从教育方面来看，普通大众的教育意识日渐强烈。2008 年，全国小学学龄儿童净入学率为 99.54%，初中和高中阶段毛入学率分别为 98.5%、74%，高等教育毛入学率达到 23.3%，已经进入国际通常所说的大众化阶段。函授、夜校、广播电视学校、网络教育、自学考试等面向农村转移劳动力、城镇转岗就业人员的职业培训等多样化的教育形式蓬勃发展，培养着数以千万计的生产、服务、管理一线的实用人才，为各行各业培养着数以亿计的拥有较高素质的劳动者和大批技能人才。同时在卫生方面，公众卫生保健意识日渐增强，公共卫生服务体系日臻完善，人民群众健康水平明显改善，居民的主要健康指标已处于发展中国家前列。

不过，需要指出的是，我国人力资本投资有其特殊性。我国人力资本投资的主体并不仅仅是居民个人，政府投资和社会投资也在其中占据着重要的地位。在各类人力资本投资形式中，政府投资和社会投资占着相当重要的比重。教育人力资本投资中，我国政府就承担着教育基础设施建设、教职工工资等相当大的投资支出，居民个人并没有承担全部的教育成本。在卫生、科研等领域也存在着同样的状况。表5—7是我国1978—2006年卫生人力资本投资表，可以看出1978年以来我国政府预算卫生支出和社会卫生支出均占相当大的比重，虽然两者的比重在降低，但是到目前仍占着近半的份额。

表5—7 我国1978—2006年卫生人力资本投资表

年份	卫生总费用（亿元）				卫生总费用构成（%）		
	合计	政府预算卫生支出	社会卫生支出	个人现金卫生支出	政府预算卫生支出	社会卫生支出	个人现金卫生支出
1978	110.2	35.4	52.3	22.5	32.2	47.4	20.4
1979	126.2	40.6	59.9	25.7	32.2	47.5	20.3
1980	143.2	51.9	61.0	30.4	36.2	42.6	21.2
1981	160.1	59.7	62.4	38.0	37.3	39.0	23.7
1982	177.5	69.0	70.1	38.4	38.9	39.5	21.6
1983	207.4	77.6	64.6	65.2	37.4	31.1	31.5
1984	242.1	89.5	73.6	79.0	37.0	30.4	32.6
1985	279.0	107.7	92.0	79.4	38.6	33.0	28.5
1986	315.9	122.2	110.4	83.3	38.7	34.9	26.4
1987	379.6	127.3	137.3	115.1	33.5	36.2	30.3

续表

年 份	卫生总费用（亿元）				卫生总费用构成（%）		
	合 计	政府预算卫生支出	社会卫生支 出	个人现金卫生支出	政府预算卫生支出	社会卫生支 出	个人现金卫生支出
1988	488.0	145.4	190.0	152.7	29.8	38.9	31.3
1989	615.5	167.8	237.8	209.8	27.3	38.6	34.1
1990	747.4	187.3	293.1	267.0	25.1	39.2	35.7
1991	893.5	204.1	354.4	335.0	22.8	39.7	37.5
1992	1096.9	228.6	431.6	436.7	20.8	39.3	39.8
1993	1377.8	272.1	524.8	581.0	19.7	38.1	42.2
1994	1761.2	342.3	644.9	774.1	19.4	36.6	43.9
1995	2155.1	387.3	767.8	1000.0	18.0	35.6	46.4
1996	2709.4	461.6	875.7	1372.2	17.0	32.3	50.6
1997	3196.7	523.6	984.1	1689.1	16.4	30.8	52.8
1998	3678.7	590.1	1071.0	2017.6	16.0	29.1	54.8
1999	4047.5	641.0	1146.0	2260.6	15.8	28.3	55.9
2000	4586.6	709.5	1171.9	2705.2	15.5	25.6	59.0
2001	5025.9	800.6	1211.4	3013.9	15.9	24.1	60.0
2002	5790.0	908.5	1539.4	3342.1	15.7	26.6	57.7
2003	6584.1	1116.9	1788.5	3678.7	17.0	27.2	55.8
2004	7590.3	1293.6	2225.4	4071.4	17.0	29.3	53.6
2005	8659.9	1552.5	2586.4	4521.0	17.9	29.9	52.2
2006	9843.3	1778.9	3210.9	4853.6	18.1	32.6	49.3

2. 人力资本投资存量结构

人力资本投资存量是历年流量剔除折旧之后形成的积淀，它更好地反映了某一时点我国人力资本状况，是我国经济发展的重要资源。盘点人力资本存量对于“摸清家底”具有重要作用。这里我们将运用前文估算的我国人力资本存量结果分析人力资本存量的内在结构。

表5—1和图5—5展现了1978—2007年间我国人力资本存量的结构。从中可以看出：教育和卫生是构成我国人力资本存量

的主体，两者占人力资本存量的比重持续处于高位，并呈现出不断上涨的态势。1978 年教育人力资本存量和卫生人力资本存量占总人力资本存量的比重已达 74.06％。随着改革的推进，尤其是 1985 年之后，教育人力资本和卫生人力资本在居民总人力资本存量中的比重进一步提升。到 2007 年教育和卫生占总人力资本存量的比重达到了 89.33％，这意味着全国近九成的人力资本存量是以教育和卫生的形式存在的。当然，这种结构演变状态与我国教育卫生体制改革以及经济体制改革有着紧密的联系。1985 年正是我国教育体制改革的关键一年，从这一年起我国国家单一办学主体的局面被打破，社会投资开始参与到教育中来。同时，改革开放以来我国卫生体制改革也在稳步推进。这导致我国教育、卫生投资增长速度要远远快于其他类型的人力资本。

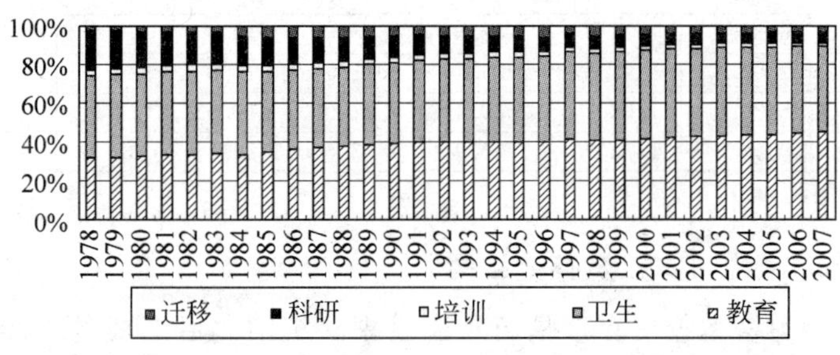

图 5—5　1978—2007 年我国人力资本存量结构变化趋势图

其他类型的人力资本占总人力资本存量的比重则相对较小。科研人力资本是其他类型人力资本存量中比重较高的人力资本。1978 年我国科研人力资本存量占总人力资本存量的五分之一，其后一路下降，2007 年降为 5.6％，但仍位列各种人力资本存量第三位。培训和迁移人力资本存量占总人力资本存量的比重一直较低，虽然有一定的波动，但也不是很大。

总的来看，我国人力资本存量呈现出教育和卫生占据绝对主导地位的态势。教育人力资本和卫生人力资本是改革开放至今我国最主要、比重最高的两大类人力资本。这也正是我国学者将人力资本研究集中于教育和卫生的主要原因。

5.3 我国居民人力资本分布结构——基尼系数测算

不同主体、不同类型的人力资本投资，最终都要惠及居民个人，凝结为居民个人技能和知识的增强。然而由于个人所处的生活环境不同、初始收入不同、获取知识的能力不同，每个人获得的人力资本并不是等量的。不同的人在人力资本的存量和构成上都有所差别。从宏观来看，全社会范围内个体人力资本也呈现出不均匀分布的特征。那么我国居民人力资本分布结构具体呈现出一个怎样的分布状况，人力资本分布大体是偏集中分布还是近乎均匀分布？为了探究这些问题，我们试图通过核算居民的人力资本基尼系数来实现。

1. 人力资本基尼系数概述

基尼系数本是一个衡量收入不均等的指标，由意大利经济学家基尼(Corrado Gini)于 1922 年提出，之后得到了广泛的认可。基尼系数用于衡量指标的分布状况，十分便捷、简明。为此，很多经济学家将基尼系数用于分析产业集中度、资产集中度等。近年来，也有很多经济学家将基尼系数引入人力资本研究领域，用于分析居民人力资本的分布状况，并取得了一定的突破。

本书也试图用人力资本基尼系数指标来衡量我国居民人力资本的分布状况。理想的状况是：我们可以监测到全国13亿居民每个人的人力资本存量，然后从低到高排列，这样我们就可以描绘出对应的人力资本洛伦兹曲线，即得到人力资本最低的5%、10%、20%……人口对应占据的总人力资本的百分比，从而可以计算出我国准确的人力资本基尼系数。

但是以上仅仅是一种理想状况，要变成现实存在着多方面的困难。最直接的困难就来自目前的统计数据很难支撑我们完成该测算，目前关于微观个人的人力资本状况的数据十分匮乏，国家统计局、部分社会机构（美国北卡罗来纳州立大学等）等无法提供较完整和可信的数据。在宏观人力资本存量的衡量中，我们采用了估算的办法，但是我们不能将这种估算的方法直接用于具体微观数据中。因此对我国人力资本基尼系数的核算只能采用次优的方法。

根据可得的统计数据状况，本书将采用分别测算教育基尼系数和卫生基尼系数的办法来实现对人力资本在我国居民中分布状况的估计。从前文的分析中，我们可以发现，人力资本投资的流量和存量的80%以上是教育和卫生。对教育和卫生人力资本分布状况的测算在一定程度上抓住了人力资本的主体分布状况。此外，现实中对每个人的综合人力资本进行估算进而测算其分布状况的方法可行性较差。因此我们采取的变通措施，一定程度上具有可行性。

2. 教育人力资本基尼系数测算

国家统计局《中国统计年鉴》中，给出了我国人口的受教育状况统计表，见表5—8和表5—9。从中可以看出1990年、1996—1999年、2002—2007年几个时间段中，统计的是6岁及6岁以上人口，被分为未上过学、小学、初中、高中、大专及以上5组，而1987年和1992年则统计的是12岁及以上人口，其被分为文盲半文盲、小学、初中、高中、大学肄业或在校、大学毕业6组。

表5—8 1990—2007年我国人口受教育状况

（单位：万人）

年份	6岁及6岁以上人口	未上过学	小学	初中	高中	大专及以上
1990	99409	20485	42021	26339	7260	3294
1996	1140592	178167	470880	358780	107344	25422
1997	1143770	161904	465088	366733	118745	31300
1998	1150370	157746	457703	380066	122741	32114
1999	1124495	150340	432927	386057	120422	34748
2002	1178951	120551	412186	443836	146837	55541
2003	1182247	114500	395118	449693	158060	64875
2004	1177817	107922	381371	462796	157783	67945
2005	15878355	1646360	5285045	6088659	1975098	883192
2006	1118855	98335	370014	436273	144652	69581
2007	1116037	89448	354873	448897	149635	73184

表5—9 1987年和1992年我国人口受教育状况

（单位：人）

年份	12岁及以上人口	文盲半文盲人口	小学	初中	高中	大学肄业或在校	大学毕业
1987	8319581	2227396	3868921	2266138	736653	23461	68956
1992	22048548	4202053	2633849	726048	172837	9619	61385

统计数据给出的受教育状况仅仅是一种定性描述，要获得可用于定量分析的教育人力资本基尼系数，就需要首先对受教育状况进行量化处理。为此我们假定文盲半文盲的受教育年限为1，小学为6，初中为9，高中为12，大专及以上为16，教育人力资本水平就转化为可计算的数值型。

上面的数量化处理，实质上是将居民的受教育状况转化为离散型的分组数据。依据这种数据特征，我们借鉴洪兴建(2008)离散型数据的收入基尼系数测算方法，来实现对我国居民人力资本基尼系数的测算。公式为：

$$G=\frac{2}{\mu}\left\{\operatorname{cov}\left[x_i,\left(\sum_{j=1}^{i}p_j-\frac{p_i}{2}\right)\right]\right\}$$

其中，G 为教育人力资本基尼系数，μ 为全体居民的平均受教育年限，x_i 为第 i 组的受教育年限，p_j 为第 i 组人口占总人口份额。

当然同收入基尼系数计算一样，上述方法测算的人力资本基尼系数要小于实际基尼系数，为此有必要做出一定的修正。同样根据洪兴建(2008)的方法，我们需要测算人力资本基尼系数的上限，最终实现对人力资本基尼系数的范围估计。公式为：

$$G_U=G_L+\frac{v_1^2}{\mu}\frac{\mu_1(\mu_2-\mu_1)}{\mu_2}+\frac{1}{\mu}\sum_{i=2}^{k-1}v_i^2\frac{(\mu_i-\mu_{i-1})(\mu_{i+1}-\mu_i)}{\mu_{i+1}-\mu_{i-1}}+\frac{1}{\mu}v_k^2(\mu_k-\mu_{k-1})$$

其中 G_L 为教育人力资本基尼系数下限，G_U 为教育人力资本基尼系数上限，μ 为全体居民平均受教育年限，k 为居民受教育程度分组数，v_i 为第 i 组人口占总人口的比重。

由此得出了我国居民教育人力资本基尼系数,具体见表 5—10。

表 5—10 我国居民教育人力资本基尼系数

年 份	下 限	上 限
1987	0.3068	0.3859
1990	0.3039	0.3671
1992	0.2895	0.3650
1996	0.2576	0.3303
1997	0.2516	0.3218
1998	0.2486	0.3176
1999	0.2468	0.3142
2001	0.2238	0.2897
2002	0.2307	0.2927
2003	0.2297	0.2893
2004	0.2255	0.2847
2005	0.2339	0.2939
2006	0.2250	0.2845
2007	0.2192	0.2780

从中可以看出:

(1) 我国教育人力资本基尼系数呈现不断降低态势。1987 年我国教育人力资本基尼系数为 0.3068,其后一路下滑,到 2007 年我国教育人力资本基尼系数已经降低为 0.2192。这表明我国居民教育人力资本分布正日趋均等,普通大众的受教育程度正在逐渐提高,教育正从精英阶层走向普通大众。

(2) 从数值来看,我国教育人力资本基尼系数整体不高。目前我们测算的教育人力资本基尼系数最高为 0.3859,这表明我国人力资本分布尚不太集中,还没有到 0.4;而 2007 年我国教育人力资本基尼系数 0.2780,则表明人力资本分布相对平均,差距并不大。

(3) 教育人力资本基尼系数只是衡量了受教育水平分布的均等性,但是我们应该认识到,均等既有高水平上的均等,也有低水平的均等。目前我国教育基尼系数较小，显示出我国人力资本基尼系数相对较为均等，但这是一种低水平上的均等。表5—11是我国各类受教育水平从业人员占总从业人员的比重，从中可以看出，随着改革的推进，我国劳动者受教育水平不断提高，但是整体水平仍然很低，2007年我国人均受教育年限仅8年，也就是刚刚完成初中文化教育。我国教育人力资本大多集中在这个阶段，小学和初中文化程度的劳动者仍占72%。在这个视角下重新审视我国教育人力资本基尼系数的降低就会发现，这种下降主要归因于初中教育的快速扩张，普及九年义务教育是我国教育基尼系数降低的主要原因。

表5—11 我国各类受教育水平从业人员占总从业人员的比重

年份	未上过学	小学	初中	高中	大专及以上
1990	0.6251	0.1725	0.0406	0.0229	0.0149
1996	0.1562	0.4128	0.3146	0.0941	0.0223
1997	0.1416	0.4066	0.3206	0.1038	0.0274
1998	0.1371	0.3979	0.3304	0.1067	0.0279
1999	0.1337	0.3850	0.3433	0.1071	0.0309
2002	0.1023	0.3496	0.3765	0.1245	0.0471
2003	0.0968	0.3342	0.3804	0.1337	0.0549
2004	0.0916	0.3238	0.3929	0.1340	0.0577
2005	0.1037	0.3328	0.3835	0.1244	0.0556
2006	0.0879	0.3307	0.3899	0.1293	0.0622
2007	0.0801	0.3180	0.4022	0.1341	0.0656

表5—12 1987年和1992年我国各类受教育水平人口占总人口的比重

年份	文盲半文盲人口	小学	初中	高中	大学肄业或在校	大学毕业
1987	0.2423	0.4209	0.2724	0.0885	0.0028	0.0083
1992	0.7364	0.1403	0.3544	0.0844	0.0470	0.0300

3. 卫生人力资本基尼系数测算

与教育人力资本不同,目前的统计数据并不能有效地将居民健康状况进行恰当分类。因此,若我们试图将居民健康状况分组排列进而计算健康人力资本基尼系数,可行性较差。但是从前文的分析中,我们也认识到健康人力资本投资无论在流量还是存量都占有着重要比重,衡量其在我国居民中的分布具有着重要意义。在综合考虑上述状况以及数据可得性之后,本书采用了一种不同于教育人力资本基尼系数的计算方法。具体来讲,就是选用一种恰当指标来表征卫生人力资本状况,通过对该指标的分布状况进行测算,进而实现对卫生人力资本基尼系数的测算。

可以用来表征卫生人力资本状况的指标有很多,例如居民两周患病率、死亡率、卫生技术人员数、医疗机构床位数等。但是受目前统计数据等多方面的限制,很多指标的统计数据残缺、不具有连续性。综合考虑,我们选用了人均医疗机构床位数这一指标。做出这样的选择,主要是考虑到以下几个方面:首先,人均床位数体现了一个地区可提供医疗服务的规模,人均床位数较多的地区一般来讲是医疗服务密集区,该地区居民更便于接受医疗卫生服务。同时我国医疗卫生服务供给一定程度上仍然是供给主导型市场,供给不足仍是医疗服务市场的常态,医疗服务供给多的地区,居民的卫生人力资本相对来讲要高些。所以床位数一定程度上可以反映该地区的卫生人力资本状况;其次,医疗卫生机构床位数统计数据较为全面,我们可以很容易得到 1983—2007 年全国各个省、市、自治区、直辖市的医疗床位数状况,这对于核算卫生人力资本的分布具有重要作用。

基于以上分析并结合基尼系数的计算方法，我们对卫生人力资本基尼系数的测算步骤如下：首先我们将某一年各个省、自治区、直辖市按照人均床位数从低到高排列，并随附各省、自治区、直辖市的对应人口份额，这样做实质是将全国人口按照所享受的人均床位数分为了若干组，同时获得了各组人口的人均床位数值和对应的人口比重，这样我们就可以根据分组数据，描绘出我国居民卫生人力资本的洛伦兹曲线，进而计算出卫生人力资本基尼系数。

接着是卫生基尼系数核算公式的选取。我们的做法是参照洪兴建(2008)离散型数据的收入基尼系数测算方法，来实现对我国卫生人力资本基尼系数的测算。公式为：

$$G=\frac{2}{\mu}\left\{\operatorname{cov}\left[x_i,\left(\sum_{j=1}^{i}p_j-\frac{p_i}{2}\right)\right]\right\}$$

其中，G 为卫生人力资本基尼系数，μ 为全体居民的平均床位数，x_i 为第 i 组的人均床位数，p_j 为第 i 组人口占总人口份额。

这样我们就得到了 1983—2007 年我国居民卫生基尼系数的估算值，见表 5—13。

表 5—13　1983—2007 年我国居民卫生基尼系数

年份	卫生基尼系数	年份	卫生基尼系数	年份	卫生基尼系数	年份	卫生基尼系数	年份	卫生基尼系数
1983	0.1461	1988	0.1495	1993	0.1667	1998	0.1328	2003	0.1269
1984	0.1482	1989	0.1676	1994	0.1421	1999	0.1318	2004	0.1293
1985	0.1470	1990	0.1506	1995	0.1382	2000	0.1249	2005	0.1192
1986	0.1458	1991	0.1500	1996	0.1367	2001	0.1291	2006	0.1143
1987	0.1446	1992	0.1467	1997	0.1355	2002	0.1297	2007	0.1049

从中可以看出：

(1) 我国居民卫生人力资本基尼系数呈现出波动递减的发展态势。1983 年我国居民卫生基尼系数为 0.1461，其后除在 1988 年、1989 年、1993 年等部分年份有所上升，总体上呈现出下降的态势。到 2007 年我国居民卫生基尼系数降为 0.1049。这表明我国居民卫生人力资本的分布正日趋均等，至少在省级之间表现为差别越来越小。我国居民卫生人力资本的差距正在日渐缩小，普通老百姓接受卫生保健的服务水平正日渐提升。

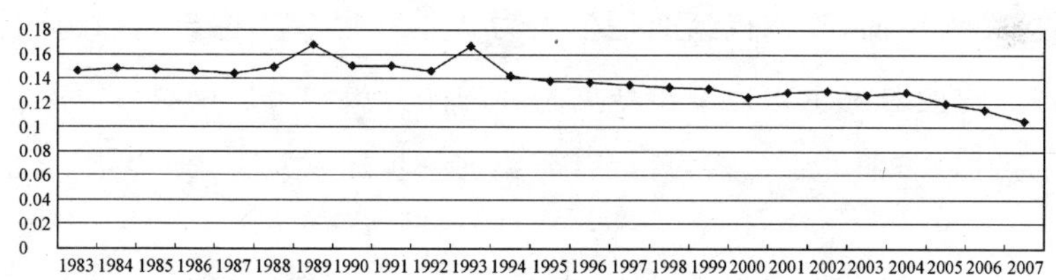

图 5—6 我国居民卫生人力资本基尼系数变化趋势图

(2) 从数值来看，我国卫生人力资本基尼系数整体不高。目前我们测算的卫生人力资本基尼系数最高为 0.1676，而 2007 年我国卫生人力资本基尼系数 0.1049 则表明卫生人力资本分布已经较平均。

(3) 虽然我国居民卫生基尼系数较低，但这依然是一种低水平上的均等。2007 年我国人均床位数最高的是上海，其每千人拥有床位数为 5.2，仍还远不能满足人民群众的医疗卫生需求。而在每千人拥有床位数最低的贵州，这一数字仅为 2.1。

此外需要指出的是，我们将各省、自治区、直辖市视为一个组，暗含着一个假定，即各省内部居民的人均床位数相同。这个假定有一定的可行性，因为目前我国居民享受医疗卫生服务仍然遵循着一定的地域原则，大多数民众仍然是在本省范围内接受医疗卫生服务，很多医疗卫生服务机构也是直接辐射全省的，所以用全省人均床位数来表征该省居民的人均人力资本存量具有一定的可行性。但是应该认识到的是，我们的做法仅是一种次优选择，实际上每一个省内部不同地区居民面临着的是不同的人均床位数。我们的做法忽略了各省内部居民之间卫生人力资本的区别。因此可以预见，在数据可取的情况下，如果将分析进一步推进到市、县、乡、村、个人层面，我们得到的卫生人力资本基尼系数将会更加精确。目前我们对卫生人力资本基尼系数的测算虽然可以反映一定的信息，但总的来讲还是较为粗糙，需要进一步加以完善。

5.4　小结

人力资本是决定居民收入的重要因素，人力资本存量是人力资本水平的标志。改革开放三十多年来，我国人力资本存量快速积累，与物质资本的比例由 1978 年的 4.07∶1 提高到 2.81∶1，自身力量逐步增强，初步具备了与物质资本的比肩的条件。同时，人力资本产出比持续下降，人力资本对经济增长的贡献不断提高。

如果说人力资本存量更侧重于表征居民的获取收入能力，那么，人力资本结构则直接影响居民的收入差距。教育和卫生作为我国人力资本的两种主要投资形式，改革开放以来历年人力资本投资流量主要集中在教育和卫生领域，相对应人力资本存量也主要由教育人力资本和卫生人力资本构成。虽然三十多年来人力资本投资结构也有所变动，但是整体格局变动不大。从人力资本分布结构看，我国教育人力资本基尼系数和卫生基尼系数都比较低，这说明我国居民教育和卫生人力资本的集中程度并不高。从历史演进来看，近十多年来我国教育和卫生人力资本基尼系数呈现出下降的趋势。不过，我国较低的教育人力资本基尼系数和卫生人力资本基尼系数，反映的是一种低水平下的均等，我国居民受教育程度主要集中在小学和初中水平，多数省份人均卫生床位数仍然很低。综合我们的分析，我国居民人力资本整体呈现出增长迅速、分布均衡、总量偏低的状态。

6 存量效应和结构效应:人力资本对我国居民收入差距影响的实证研究

在前文的理论分析中,我们发现人力资本对居民收入差距的影响存在存量效应和结构效应两种效应。据此,我们建立了基于居民人力资本投资行为选择的收入分配差距理论模型。那么应用于我国,结果如何呢?本章将在前文收入分配差距模型基础上,构建计量模型,运用第5章的测算结果进行实证考察。我们首先考察人力资本存量与收入总量的关系,着重分析人力资本存量对做大收入分配"蛋糕"、促进增长的作用。在此基础上实证考察居民收入差距与人力资本的关系,验证我国是否存在人力资本的存量效应和结构效应。

6.1 人力资本存量与收入总量:模型构建

1. 模型选取

目前学术界关于人力资本与经济增长数量关系的研究已经较为充分,很多学者基于不同研究目的和研究角度,采用了各不相同的生产函数、计量模型。参考侯风云(2004)的研究,大概可以归结

为以下三大种类:

(1) 人力资本与劳动力合二为一于增长模型。其中比较典型的是沈利生(1999)所采用的生产函数:

$$Y_i = AK_i^{\alpha} H_i^{\beta}$$

其中 Y_i 是 i 部门的产出,K_i 为该部门的物质资本投入,H_i 为该部门的人力资本投入。

在函数的应用中,沈利生的做法是用人力资本完全替代了劳动力。在经济增长中劳动力因素确实并不单纯表现为劳动者从业人员数,而是具有工作效率等方面质的区别,因此用人力资本替代劳动力有利于更全面地把握劳动力在经济增长中的实际作用。同时这样一种处理有利于通过计量回归得到人力资本和物质资本的产出弹性,也有利于将人力资本与物质资本的作用进行有效对比。但该法也有一定的不足,即无法将人力资本的作用与单纯劳动力的作用区分开来,事实上并不是所有的劳动力都可被称为人力资本。

(2) 劳动力与人力资本并存于增长模型。为了充分计量人力资本与单纯劳动力在经济增长中的作用,部分学者采用了劳动力与人力资本并存于经济增长模型中的做法。比较典型的有阿巴斯、王金营(2000),孔祥印(2000),侯风云(2004)等。

阿巴斯、王金营(2000)做法是构建了自己的生产函数:

$$\log Y_t = \alpha + \alpha \log K_t + \beta \log L_t + \gamma \log H_t + e$$

其中 L_t 是劳动力数,H_t 为人力资本投资。

该种做法在形式上完全将人力资本与单纯劳动力区分了开来,试图据此构建计量模型实现对人力资本与劳动力作用的区别,但是阿巴斯、王金营的做法仍然值得探讨，他们对劳动力的计量采用的是劳动力数量指标，而劳动力本身是包含人力资本的劳动力，并不表征单纯劳动力。换句话说，劳动力数量和人力资本投资并不能将单纯劳动力和人力资本区别开来，两者存在着重叠。

针对上述问题，侯凤云(2004)提出了自己的修正方法。她运用成本法来分别计量人力资本和劳动力，用劳动力基本消费总额来替换劳动力人数，表征单纯劳动力的作用，而人力资本由其各种具体形式的投资额加总得到，这样，就将劳动力和人力资本区分开来。在这个基础上，侯凤云构建了自己的计量模型：

$$Y_t = AK_t^{\alpha}\sum_{i=1}^{2} L_{it}^{\beta}\left(\sum_{j=1}^{5} H_{jt}^{\gamma}\right)D_t^{v}V_t^{\rho}$$

其中，H_t 为 t 年的固定资产存量；L_{it} 为 t 年的 i 类劳动力在 t 年的存量；H_{jt} 为 j 类人力资本在 t 年的存量；D_t 为 t 年"干中学"的人力资本存量，用工作总年数表示；V_t 为 t 年劳动力转移数量的存量，用转移次数表示。

但是需要指出的是侯凤云的做法也存在着值得斟酌之处。在现实经济运行中，人力资本与劳动力是紧密结合在一起的，很难将单个人的贡献区分出哪些是人力资本的贡献，哪些是劳动力的贡献。相反我们常见的是按照从事的职业等传统惯例来判断人力资本和单纯劳动力的贡献，侯凤云的做法起到了一定的效果，但是现实解释力仍需要斟酌。

(3) 人力资本与全要素生产率合二为一于增长模型。还有学者将关注点集中于人力资本引入增长模型后，与全要素生产率两者在传统柯布—道格拉斯生产函数中的重叠问题。理论上讲，柯布—道格拉斯生产函数中表征全要素生产率的 A 本身就是人力资本引致的,再引入人力资本必然会引发两者的重叠。针对上述问题,孔祥印(2000)修正了传统的生产函数形式:

$$Y=L^{\alpha}K^{\beta}H^{\gamma}$$

其中 Y 表示总产出,L、K、H 分别表示劳动、物质资本、人力资本,α、β、γ 分别表示劳动、物质资本、人力资本的产出弹性。

在上述生产函数形式中,人力资本的引入完全消除了全要素生产率的作用,这种做法注重了将人力资本引入生产函数引发的一系列问题,但是引入人力资本后完全剔除 A 并不可取。因为 A 的本质含义是索罗余值,它是在传统的柯布—道格拉斯生产函数中提出劳动贡献和资本贡献之后的余值,后来丹尼森、卢卡斯等的研究则指出 A 是人力资本引致技术进步的结果,但是并不能将人力资本与全要素生产率的形成完全等价。

综合以上研究并结合现实状况,我们提出了自己的包含人力资本的经济增长数理模型。第 4 章的分析中,我们曾对卢卡斯模型进行了形式转化,其原模型为:

$$Y(t) = AK(t)^{\beta}[U(t)h(t)N(t)]^{1-\beta}h^{\alpha}(t)^{\gamma}$$

令 $\mathrm{H(t)}=U(t)h(t)N(t)$,表示全社会总的人力资本存量,用 α 表示全社会人力资本存量对收入的作用弹性,则卢卡斯经济增长函数式可以被改变为:

$$Y(t) = AK(t)^{\beta}[H(t)]^{\alpha}$$

对其两边取对数得:

$$\ln Y(t) = \ln A + \beta\ln K(t) + \alpha\ln[H(t)]$$

对两边同时除以劳动力人数,则该模型可变为:

$$\ln y(t) = \ln A^* + \beta^* \ln k(t) + \alpha^* \ln[h(t)]$$

其中 $y(t)$是 t 时期的人均产出，$k(t)$为该时期的人均物质资本存量，$h(t)$为该时期的人均人力资本存量，A^* 为外生给定的技术参权，β^* 为人均物质资本存量对人均收入的作用弹性，α^* 为人均人力资本存量对人均收入的作用弹性。

该模型在形式上与沈利生(1999)有很大的相似性，不同之处在于两点：一是我们将存量引入了经济增长模型，因在经济增长中存量的作用更显得重要；二是在对人力资本的表征上，沈利生用的是受教育程度指标，而我们用的是人力资本存量指标，相对来讲包含了更多形式的人力资本形式。

同时我们在模型形式上放弃了将人力资本与劳动力并存的做法。这样做主要是出于以下考虑：一是合理区分人力资本与单纯劳动力在数据上支撑的不足。我们无法辨别微观个体的经济活动中人力资本与劳动力的区别，高人力资本存量的劳动者何时发挥的是人力资本的作用何时仅仅发挥普通劳动者的作用很难区别；二是我国当前的劳动力中，完全没有人力资本的状况非常少见，差别只不过是人力资本存量的多少问题，总量上看更多表现为人力资本的结构问题。我们将在后文中深入分析人力资本结构对收入差距的影响，而这里我们只是衡量人力资本对经济总量的促进作用。从这个角度讲，也没有必要将人力资本与劳动力并存于经济模型中。

2. 变量选取与数据来源

根据模型形式，我们的模型将以经济增长为被解释变量，以物

质资本存量、人力资本存量为解释变量,具体的指标选取和数据来源如下:

(1) 经济增长指标。我们用历年 GDP 来表征经济增长,其数据来源于 1978—2007 年《中国统计年鉴》。为适应计量的需要,进一步根据 GDP 平减指数将原始数据转化为以 1978 年为基期的实际 GDP,并对其人均值取对数。

(2) 物质资本存量指标。目前国家统计局并没有给出物质资本的统计数据,但有很多学者进行了测算。我们这里引用雷辉(2009)测算的以 1978 年计算的物质资本存量数据,并对其人均值取对数。

(3) 人力资本存量指标。本书第 5 章按 1978 年不变价格对人力资本存量进行了估算,这里我们继续对其人均值取对数。各指标具体数据见表 6—1。

这样,依托数理模型和数据指标,我们构建了计量经济模型:

$$LNGDP=C+\beta LNK+\alpha LNH+u$$

其中 $LNGDP$ 表示人均 GDP 的对数,LNK 为人均物质资本的对数,LNH 为人均人力资本存量的对数,C、β、α 为待估计参数,u 为随机误差项。

表 6—1　1978—2007 年我国 GDP、物质资本存量和人力资本存量

(单位:亿元)

年份	国内生产总值	物质资本存量	人力资本存量
1978	3645.2	6254.4	1535.8
1979	3922.2	6772.7	1758.8
1980	4228.4	7365.3	2003.5

续表

年份	国内生产总值	物质资本存量	人力资本存量
1981	4447.1	7801.8	2252.7
1982	4859.1	8386.1	2536.6
1983	5402.2	9070.4	2859.7
1984	6226.0	9981.4	3274.2
1985	7049.8	11089.4	3744.4
1986	7651.3	12302.7	4239.9
1987	8533.4	13736.2	4765.0
1988	9499.4	15263.1	5341.0
1989	9893.1	16254.6	5932.6
1990	10297.7	17233.6	6608.5
1991	11234.5	18519.4	7332.1
1992	12812.9	20315.3	8170.3
1993	14566.2	22775.9	9089.1
1994	16476.3	25778.6	10046.8
1995	18014.6	29205.5	11153.3
1996	19848.1	32925.0	12442.6
1997	21758.2	36676.0	13569.2
1998	23351.2	40763.8	15355.3
1999	25206.6	44996.9	17172.3
2000	27360.9	49593.7	19152.8
2001	29566.2	54856.9	21423.0
2002	32387.6	60981.9	24076.1
2003	35836.0	68761.5	27007.9
2004	39565.0	77873.5	30182.4
2005	43979.3	89617.1	33723.0
2006	49148.2	103049.7	37677.8
2007	55133.7	117908.2	41997.4

6.2　人力资本存量与收入总量:模型分析及检验

1. 数据平稳性检验

以时间序列数据为基础建立模型,首先面对的就是数据的平稳性问题。从理论上讲经济领域内绝大多数模型都建立在数据稳定性假设的基础之上,然而现实中经济数据往往是非平稳的。格兰杰和纽博尔德的研究表明,两个相互独立的非平稳时间序列建立回归模型时也常常会得到一个在统计意义上显著的回归方程,然而这种回归是不可靠的,即我们常说的虚假回归。因此在建立模型之前,我们需要检验数据的平稳性,只有平稳数据才可以进行计量检验;而对于非平稳数据,则需要进一步确定其协整关系,以避免出现虚假回归干扰我们的判断。

图 6—1 是我国 1978—2007 年人均 GDP 的对数(*LNGDP*)、人均物质资本的对数(*LNK*)、人均人力资本的对数(*LNH*)的变化趋势图。从中可以看出:三个变量呈现出明显的发展趋势,不具有平稳性;经过一阶差分之后(*DLNGDP*、*DLNK*、*DLNH*)表现出了平稳性特征。

为了精确确定其平稳性特征,我们采用单位根检验来确定三个变量的单整阶数。单位根检验的方法目前有 DF 检验、ADF 检验、Philips 非参数检验等多种,其中最常用的是 ADF 检验。ADF 检验的基本方程为:

$$\Delta y_t = \alpha + \beta + (\gamma - 1) y_{t-1} + \sum_{j=1}^{p} \delta_j \Delta y_{t-j} + \varepsilon_t$$

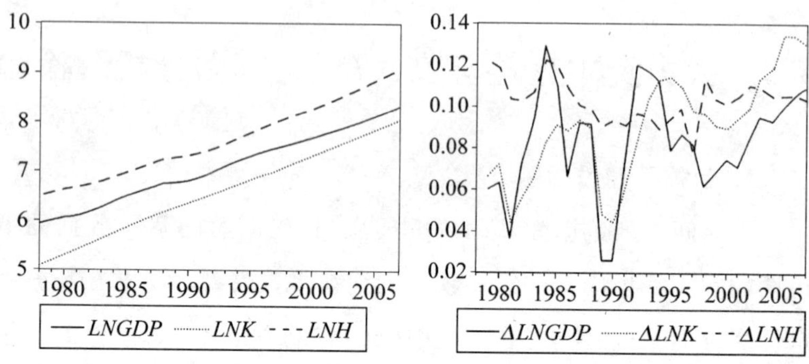

图 6—1　1978—2007 年我国人均 GDP 的对数、人均物质资本的对数、人均人力资本的对数变化趋势图

α、β、γ、δ_j 为参数，ε_t 为随机误差项，是服从独立分布的白噪声过程，假设 $\gamma=1$，即 y_t 有一个单位根，是非平稳的，t 为趋势因素。

本书采用 ADF 检验来验证数据的平稳性，采用 Mackinnon 临界值，Δy_{t-j} 的最优滞后期 ρ 则采用 SC 准则确定。同时在确定 ADF 检验回归中应该采用包括常数、常数和线性趋势或二者都不包括时，我们通过变量的时序观察来确定，如果序列包含有趋势(确定的或随机的)，序列回归中应既有常数又有趋势；如果序列没有表现任何趋势且有非零均值，回归中应仅有常数；如果序列在零均值波动，检验回归中应既不含有常数又不含有趋势。具体的检验结果见表 6—2。

从表中单位根检验的结果可以看到，变量 *LNGDP*、*LNK*、*LNH* 在 1%和 5%显著水平上均表现为非平稳；一阶差分之后，*DLNGDP* 在 1%显著水平上通过了单位根检验，表现出平稳性。*DLNK*、*DLNH* 没有通过 1%显著水平的单位根检验，但在 5%显著水平上也通过了单位根检验,表现出平稳性。因此可以确定三个变量均为一阶单整 I(1)。

表 6—2 ADF 检验结果

变量	ADF 值	检验类型 (c,t,n)	1%临界值	5%临界值	D. W.	是否平稳
LNGDP	−3.5289	c,t,3	−4.3561	−3.5950	1.8862	否
LNK	−0.6170	c,t,2	−4.3393	−3.5875	2.0156	否
LNH	−2.3271	c,t,3	−4.3561	−3.5950	2.2023	否
DLNGDP	−3.7336	c,0,1	−3.6999	−2.9763	1.8761	是
DLNK	−3.9515	c,t,3	−4.3743	−6.3032	−3.2381	是*
DLNH	−3.4212	c,0,0	−3.6892	−2.9719	−2.6251	是*

注:"是*"表示在 5%显著性水平上表现为平稳,"是"表示在 1%显著性水平上表现为平稳。

2. 变量关系的协整检验

从上述分析中,我们知道模型所涉及的三个变量都是一阶单整,要顺利进行计量检验还需要进一步进行协整检验。协整是由恩格尔和格兰杰于 1987 年提出的,目前关于协整关系检验与估计的方法有很多,如 EG、AEG、Johansen 极大似然法、自回归分布滞后模型方法、频域非参数谱回归法等。本书采用 AEG 法对本书中的被解释变量与解释变量关系做协整检验,结果如下:

$$LN\hat{G}DP = 1.1342 + 0.3072LNK + 0.5466LNH$$

$$(4.3645) \qquad (8.7455)$$

$R^2 = 0.9982$ S. E. $= 0.0321$ D. W. $= 0.4852$

AEG 回归得:

$$\Delta u_t = -0.3893\,\hat{u}_{t-1} + 0.6290\Delta\,\hat{u}_{t-1}$$

$$(-3.7980) \qquad (4.3729)$$

$$R^2 = 0.4954 \qquad S.E. = 0.0157$$

回归结果得出 AEG 统计量为 −3.797950，由于样本容量为 30，Mackinnon 协整检验临界值 $C_{0.10} = -3.0462 - 4.069/50 - 5.73/50^2 = -3.129872$。显然 AEG 统计量小于临界值，预示拒绝非协整性的零假设，即被解释变量 *LNGDP* 与解释变量 *LNK*、*LNH* 之间存在着协整关系。

3. 变量的因果关系检验

为保证计量模型的科学性，在确定了变量之间的协整关系之后，还需对变量的因果关系进行 Granger 因素关系检验。

由于因果关系检验对滞后阶较为敏感，我们的检验中对各个滞后情况都进行了尝试，但是受数据本身的限制，在滞后 6 阶之后就无法进行检验。检验结果见表 6—3。从中可以看出，在滞后 3 阶之后 *DLNK* 是 *DLNGDP* 的格兰杰原因，而 *DLNGDP* 不是 *DLNK* 的格兰杰原因；在滞后 4 阶之后 *DLNK*、*DLNGDP* 互为彼此的格兰杰原因，两者之间存在着相互因果关系；而在滞后 1—6 阶的各种情况下，*DLNH* 与 *DLNGDP* 之间都不存在因果关系。

表 6—3 格兰杰因果关系检验结果表

原假设	样本数	F统计量 c	概率值	滞后期
DLNK 不是 *DLNGDP* 的格兰杰原因	26	6.23222	0.0040	3
DLNGDP 不是 *DLNK* 的格兰杰原因		2.24632	0.1159	
DLNK 不是 *DLNGDP* 的格兰杰原因	25	3.86413	0.0221	4
DLNGDP 不是 *DLNK* 的格兰杰原因		3.34122	0.0361	
DLNGDP 不是 *DLNH* 的格兰杰原因	27	0.35618	0.7043	2
DLNH 不是 *DLNGDP* 的格兰杰原因		0.15404	0.8582	

对上述结果我们做出如下判断：物质资本在较短的时期内是推动经济增长的因素，在长期物质资本则与经济增长之间呈现出相互影响的关系。但是上述分析说明人力资本不是经济增长的格兰杰原因，我们认为这并不否认人力资本与经济增长之间的现实因果关系。造成这种状况的原因一方面是由于格兰杰因果关系并不等同于真实的因果关系，它仅仅是反映一变量的前期变化能否有效地解释另一变量的变化，是一种数理关系的描述；另一方面我们对人力资本与经济增长的分析仅限于在滞后 6 阶之内，仅能说明 6 阶之内不存在格兰杰因果关系，然而根据我们的理论，人力资本对经济增长的影响具有长期性，短期影响并不明显。

4. 协整模型回归结果及分析

在上述检验的基础上，我们对计量模型进行了协整回归，结果如下：

$$LN\hat{G}DP = 1.134197 + 0.307239LNK + 0.546635LNH$$
$$(4.364538) \qquad (8.745494)$$

$R^2 = 0.99818$　　S. E. $= 0.032124$　　D. W. $= 0.485185$

回归结果中 D. W. $= 0.485185$，而样本为 30 的 D. W. 临界值上下限分别为：$d_W = 1.57$，$d_L = 1.28$。显然我们计算的 D. W. 值小于其下限，因此回归模型存在自相关关系。为了消除自相关性我们对模型进行广义差分计算。图 6—2 和图 6—3 是原模型和一阶广义差分后的残差图，从中可以看出，一阶广义差分之后残差在一定时间区内的无序性和无趋势性增强，但是一阶广义差分之后残差仍在部分区间呈现一定的趋势性。因此最终我们采用了广义二阶差分进行修正。

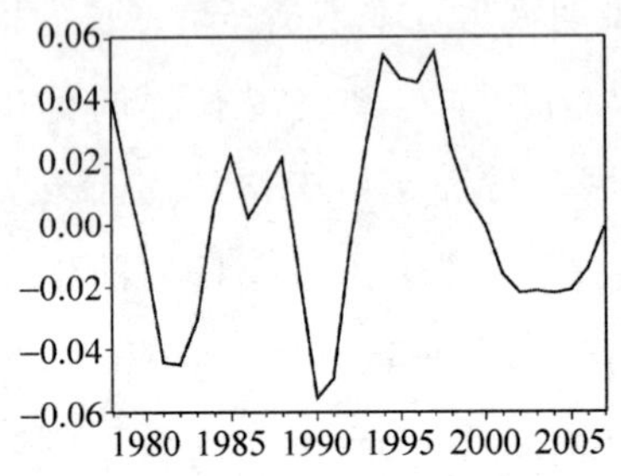

图 6—2 原模型残差图

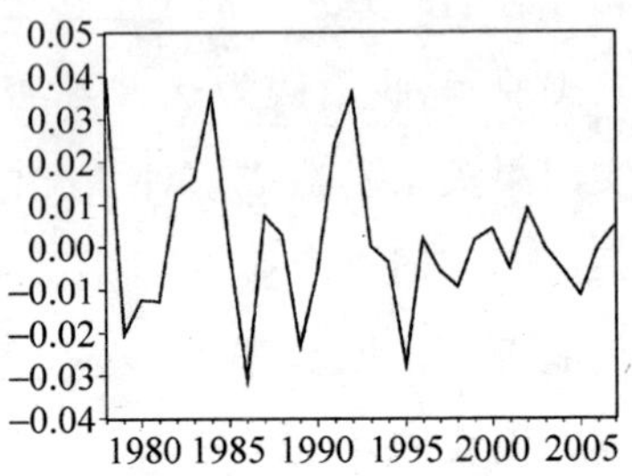

图 6—3 模型一阶广义差分后的残差图

二阶广义差分变换，得：

$$\begin{aligned} & LNGDP_t-\rho_1 LNGDP_{t-1}-\rho_2 LNGDP_{t-2} \\ = & C(1-\rho_1-\rho_2)+\beta(LNK_t-\rho_1 LNK_{t-1} \\ & -\rho_2 LNK_{t-2})+\alpha(LNH_t-\rho_1 LNH_{t-1} \\ & -\rho_2 LNH_{t-2})+u_t-\rho_1 u_{t-1}-\rho_2 u_{t-2} \end{aligned}$$

令

$LNGDP_t^* = LNGDP_t-\rho_1 LNGDP_{t-1}-\rho_2 LNGDP_{t-2}$，

$C^* = C(1-\rho_1-\rho_2)$，

$LNK_t^* = LNK_t-\rho_1 LNK_{t-1}-\rho_2 LNK_{t-2}$，

$LNH_t^* = LNH_t-\rho_1 LNH_{t-1}-\rho_2 LNH_{t-2}$，

$\varepsilon_t = u_t-\rho_1 u_{t-1}-\rho_2 u_{t-2}$

得二阶广义差分后的模型：

$$LNGDP_t^* = C^*+\beta^*\times LNK_t^*+\alpha^*\times LNH_t^*+\varepsilon_t$$

回归结果如下：

$$LN\hat{GDP}^* = 1.1006 + 0.3162LNK^* + 0.5414LNH^*$$
$$(2.6309) \qquad (4.9269)$$

$R^2 = 0.99$　　D. W. $= 1.9360$　　$F = 11332.13$

$AR(1) = 1.2403$　　$AR(2) = -0.6272$

各变量都通过了5%显著水平的t检验，R^2大于0.99，从D. W.统计量值来看自相关性消除，拟合效果较好。图6—4是模型的拟合效果图。

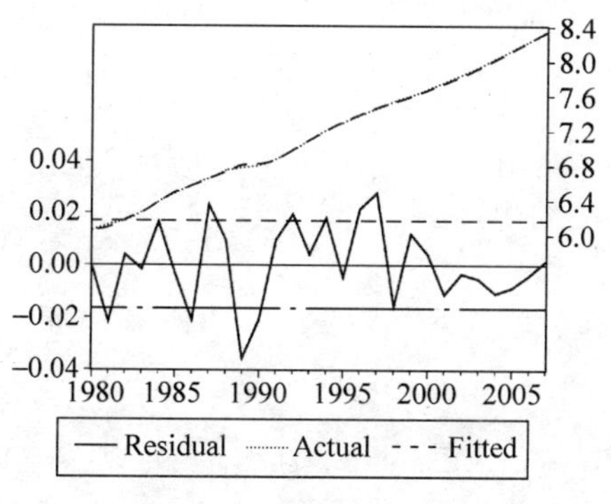

图6—4 拟合效果图

从模型回归结果看，改革开放以来，物质资本存量对经济增长的弹性为0.3162，人力资本对经济增长的弹性为0.5414，物质资本存量每增长1个百分点将拉动当期GDP增长0.3162个百分点，人力资本存量每增长1个百分点将拉动当期GDP增长0.5414个百分点，人力资本对经济增长更富有弹性。因此从长期来看，要刺激中国经济增长，就需要加大人力资本的投资，发挥人力资本对经济增长高弹性的特点，为我国居民创造出更多的财富。物质资本存量对经济增长仍然具有重要的作用，但是单纯靠物质资本推动,缺乏人力资本的支撑,经济增长的可持续性将会降低。

5. 误差修正模型及分析

协整模型反映的是变量之间的长期均衡关系,对分析变量之间的关系具有重要意义。但是经济变量之间除了长期均衡关系之外,还会受随机因素影响出现短期的非均衡变化。误差修正模型正是在模型中引入非均衡因素,对经典模型加以修正。

根据此法,我们构建 $LNGDP$、LNK、LNH 的误差修正模型得:

$$\Delta LN\hat{G}DP_t = -0.0043 + \underset{(5.4535)}{0.7261\Delta LNK_t} + \underset{(0.6470)}{0.2084\Delta LNH_t} \underset{(-3.1025)}{- 0.3375\Delta \hat{u}_{t-1}}$$

$R^2 = 0.5867 \quad S.E. = 0.0178 \quad D.W. = 0.9020$

D. W. 值偏低,模型存在着自相关性;同时 ΔLNH 的 t 值太小,不能通过检验。为此我们做了一定的修正,结果如下:

$$\Delta LN\hat{G}DP_t = -0.0043 + \underset{(3.1759)}{0.7261 LNK_t} + \underset{(0.1377)}{0.2843 LNH_t} \underset{(-3.9550)}{- 0.3375\Delta \hat{u}_{t-1}} + \underset{(2.5735)}{0.4217\Delta LN\hat{G}DP_{t-1}}$$

$R^2 = 0.6709 \quad S.E. = 0.0164 \quad D.W. = 1.3783$

修正之后,自相关性得到了明显的改善,但 ΔLNH 的显著性仍然较差,不能通过 t 检验,说明短期内该指标对人均 GDP 对数增量的影响不显著。

总的来看,误差修正模型表明了以下几点:一是本期人均物质资本对数增量对本期人均 GDP 对数增量具有显著的正影响,GDP 对数的增长受即期物质资本存量对数增长的影响极大,系数为 0.7261,这表明我国物质资本存量对 GDP 的拉动不仅有长期作用,而且短期效应也十分明显;二是长期非均衡误差对 GDP 对数增量的调整为负影响,上一期非均衡误差的 33.75%为本期人均 GDP 对数增量的调整误差值,也就是说人均 GDP 对数增量在一个时期受到短期干扰后,在下一期会有 33.75%调整到长期均衡路径上;三是上一期人均 GDP 对数增量对本期人均 GDP 增量有显著的正影响,其影响系数为 0.4217。这表明我国 GDP 增长中惯性作用十分明显;四是本期人均人力资本对数增量对本期人均 GDP 增量影响的显著性较差,这与我们格兰杰因果关系检验的结果以及理论分析的结果一致,充分表明人力资本对经济总量的影响具有长期性,短期作用确实不明显。

6.3 人力资本与居民收入差距:模型设计

1. 模型比较

早在现代人力资本理论提出之初,经济学家们就对人力资本分布状况与收入差距的关系有了深入的研究。舒尔茨、明塞尔、贝克尔、奇斯威克等都曾深入研究过人力资本与收入分配的模型,其后经济学者做了进一步的分析。温尼戈登(1979)运用 32 个国家的截面数据建立了教育不平等与收入不平等关系的模型,结果表明两者显著正相关，教育不平等程度的减小有利于收入不平等的改善。格利高里和李(2002)对跨国混合数据进行计量估计，结果也表明教育不平等不利于收入分配状况的改善，对收入差距有拉大作用。萨卡洛布洛斯(1977) 的研究则得出了不同的结论，他以不同层次教育入学人数的差异系数来衡量教育不平等，对 49 个国家的截面数据进行实证研究后发现教育不平等变量与收入基尼系数显著负相关。拉姆(1984)也得出了不同的结论，他分别以受教育年限的方差与收入最低的 80%的人口所占的收入份额和收入最低的 40%的人口所占的收入份额作为教育不平等变量和收入不平等变量，在对 28 个国家的跨国研究中，发现教育不平等程度与收入分配的关系不具有统计上的显著性。[①]

我国学者进行的计量研究结论也不尽相同。温娇秀(2007)通过构造一个内生收入函数，利用省级面板数据实证研究了城乡教育不平等与收入差距扩大的动态关系，研究发现城乡教育不平等是收入差距扩大的一个重要原因。白雪梅(2004)利用 1982—2000 年的数据进行了研究，结果表明教育不平等会加剧收入不平等，尽管不能拒绝平均受教育年限和收入不平等之间的倒 U 型关系，但现阶段中国正处于倒 U 型曲线顶点的左侧，平均受教育年限的增加不是降低而是提高了收入的不平等程度。王小鲁、樊纲(2005)的分析则指出教育与收入差距之间正向关系是否成立取决于两个条件，一为教育水平是否对人均收入有重要的影响，二

① 参考杨俊、黄潇、李晓羽："教育不平等与收入分配差距：中国的实证研究"，载《管理世界》2008 年第 1 期。

为教育机会在各个阶层人群间的分布是否均衡。杨俊、黄潇、李晓羽(2008)在建立分布滞后模型后发现,收入分配差距导致教育不平等,但教育不平等的改进却没有促进我国收入分配差距的改善。

总的来看,当前关于人力资本分布与收入差距关系的研究呈现出以下特点:一是研究主要集中在探讨教育分布状况与收入差距的关系,对于卫生、迁移、人口增长等领域虽有涉及但数量很少,且缺乏代表性;二是对人力资本分布状况与收入差距之间的关系仍存在争议,部分学者认为人力资本分布的均等有利于缩小收入差距,两者之间呈现正向关系,也有学者认为人力资本分布均等并不会有利于缩小收入差距,甚至在部分阶段呈现反向关系。针对这些状况,本书试图将研究更进一步,一方面将教育人力资本、卫生人力资本的分布共同引入计量模型,更全面地衡量人力资本分布状况对收入差距的影响,另一方面结合人力资本理论选择合适的计量模型对我国 1983—2007 年的经验数据进行实证检验。

2. 模型构建

在第 4 章中,我们构建了基于微观个体的人力资本投资决策模型,劳动者在初始收入等约束条件下追求一生效用最大化,得出了均衡的人力资本水平和均衡的收入水平分别为:

$$n_0^* = \frac{\gamma y_0(1-w)}{(w+\gamma-\gamma w)f_0}$$

$$y_1^* = E(n_0^*)^\gamma = E\left[\frac{\gamma(1-w)}{(w+\gamma-\gamma w)f_0}\right]^\gamma y_0^\gamma$$

从中可以看出,人力资本投资之后,典型劳动者的收入水平会发生改变。这个新的均衡收入水平 y_1^* 受人力资本对收入的作用弹性 γ、均衡的人力资本投资 n_0^*、人力资本以外其他因素 E 等的影响。也就是说人力资本投资会产生新的收益,会产生一个收入的增值,虽然这个增值受多种因素影响,甚至并不一定为正。为此,我们可以将人力资本投资的收入效应简化为:新的均衡收入是初始收入与一个投资增值的总和。在这方面贝克尔—奇斯威克模型提供了一个范例,我们借鉴这一模型,将第 4 章的微观人力资本投资收入效应简化为:

$$\log y_1^* = \log y_0 + rh + u$$

其中 y_1 为人力资本投资后取得的收入,y_0 为初始收入水平,r 为人力资本收益率,h 为人力资本投资年限,u 为其他因素的影响。

人力资本投资得到的新的均衡收入水平,是初始收入与新增收入的总和。接着我们进一步来考虑众多劳动者获得人力资本从而产生的对整体收入差距的影响。对两边取差分可得:

$$\mathrm{var}(\log y_1^*) = \bar{r}^2 \mathrm{var}(h) + \bar{h}^2 \mathrm{var}(r) + 2\,\bar{r}\,\bar{h}\mathrm{cov}(rh) + \mathrm{var}(u)$$

收入方差代表了劳动者群体的收入分配状况,可以一定程度上表征整体收入差距,从上式的结构来看,新的均衡收入的方差与人力资本水平的方差、人力资本收益率方差、人力资本水平与人力资本收益率的协方差等关系紧密。这表明人力资本水平 $\bar{h}$、人力资本分布状况 $\mathrm{var}(h)$ 以及其他因素都是影响收入分配的重要指标。

但是不可否认,用方差来表示收入差距比较粗略。为此我们结合前面关于基尼系数的分析,用收入基尼系数、人力资本基尼系数分别替换了相应的方差,得出了新的人力资本—收入差距模型。同时根据第 4 章的研究成果,我们知道人力资本仅是形成收入的基础条件,人力资本能否真正转化为货币收入还受到多种市场因素的影响。为此这里我们又引入了劳动所得在总收入中的比重以及市场化程度分别表示分配制度、所有制等对收入差距形成的影响。根据以上分析,我们最终得到了影响收入基尼系数的主要因素,分别是人力资本基尼系数、人力资本水平、劳动所得在总收入中的比重、市场化程度等,用线性方程可以表示为:

$$G=\alpha_0+\sum_{i}^{m}(\alpha_i G_i)+\beta_1 H+\beta_2 W+\beta_3 M+U$$

G 为收入基尼系数,G_i 代表第 i 种人力资本基尼系数,H 代表人力资本存量,W 代表劳动所得在总收入中的比重,M 为国有单位职工人数占总职工人数比重,U 为其他影响收入基尼系数的因素。

3. 变量选取和数据来源

根据上文理论模型的设计,我们以收入基尼系数为被解释变量,其他因素为解释变量建立计量经济模型。具体的变量如下:

(1) 收入基尼系数(G)。目前存在着多种关于我国基尼系数的估计,世界银行、中国社会科学院,王少国、曹景林等都有自己的估算。在此利用我们在第 2 章的测算,结合张婵娜(2008)的总结来生成我国历年的收入基尼系数。

(2) 教育基尼系数(G_{JY})。本书在第 5 章测算了我国的教育基尼系数,但主要测算 1996 年以来的数据。为了适合建立模型的需要，我们本着测算方法基本相同、测算结果基本接近的原则，参考姚继军(2009)的测算结果进行了补充。

(3) 卫生基尼系数(G_{WS})。直接采用了第5章测算的结果。

(4) 人均人力资本存量(H)。根据第5章对人力资本存量结果计算获得。

(5) 工资总额占GDP比重(W)。我们用该指标来表征劳动所得占总收入的比重，一般来讲该指标越高说明分配越有利于工薪阶层，越有利于降低收入基尼系数，反之同理，所以我们判断该指标与收入基尼系数成负相关关系。数值上，历年工资总额和GDP数据都来源于国家统计局《中国统计年鉴》，该指标经计算后获得。

(6) 国有单位职工人数占总职工人数比重(M)。我们用该指标来表征经济市场化程度。一般来讲市场化程度越高，收入差距的拉大趋势越明显。但在这里我们用的"国有单位职工人数占总职工人数比重"反映的是一种相反的状态，该指标越高表示市场化程度越低，所以该指标与收入基尼系数成反向变化。数值上历年国有单位职工人数和总职工人数的数据都来源于国家统计局《中国统计年鉴》，该指标经计算后获得。

以上指标数据年限均为1983—2007年，具体见表6—4。同时6个指标具有不同的计量标准，我们的计量模型选用其对数值来进行，具体如下：

$$LNG = \alpha_0 + \alpha_1 LNG_{JY} + \alpha_2 LNG_{WS} + \alpha_3 LNH + \alpha_4 LNW + \alpha_5 LNM + \varepsilon$$

其中ε为随机误差项。

表 6—4 模型相关数据

年份	基尼系数	教育基尼系数	卫生基尼系数	人均人力资本存量(元)	工资总额占 GDP 比重	国有单位职工人数占总职工人数比重
1983	0.2641	0.4003	0.1461	277.6222	0.1567	0.7617
1984	0.2684	0.3858	0.1482	313.7484	0.1572	0.7264
1985	0.2656	0.3737	0.1470	353.7398	0.1534	0.7275
1986	0.2968	0.3615	0.1458	394.3865	0.1615	0.7286
1987	0.3052	0.3523	0.1446	435.9554	0.1560	0.7306
1988	0.3133	0.3443	0.1495	481.0619	0.1540	0.7337
1989	0.3214	0.3368	0.1676	526.3865	0.1541	0.7356
1990	0.3063	0.3069	0.1506	578.0086	0.1581	0.7359
1991	0.3240	0.3007	0.1450	633.0396	0.1526	0.7350
1992	0.3369	0.2950	0.1467	697.3004	0.1463	0.7361
1993	0.3592	0.2889	0.1667	766.9022	0.1391	0.7354
1994	0.3621	0.2812	0.1421	838.2820	0.1381	0.7552
1995	0.3515	0.2737	0.1382	920.8370	0.1332	0.7554
1996	0.3750	0.2895	0.1367	1016.6450	0.1276	0.7574
1997	0.3790	0.2576	0.1355	1097.5970	0.1191	0.7529
1998	0.3860	0.2516	0.1328	1230.7790	0.1101	0.7342
1999	0.3970	0.2486	0.1318	1365.1960	0.1101	0.7281
2000	0.4170	0.2468	0.1249	1511.1550	0.1074	0.7196
2001	0.4500	0.2252	0.1291	1678.5640	0.1079	0.7079
2002	0.4540	0.2307	0.1297	1874.3130	0.1094	0.6784
2003	0.4580	0.2297	0.1269	2089.9550	0.1086	0.6553
2004	0.4650	0.2255	0.1293	2321.9340	0.1057	0.6344
2005	0.4700	0.2339	0.1192	2579.0770	0.1080	0.5980
2006	0.4720	0.2250	0.1143	2866.3630	0.1098	0.5762
2007	0.4850	0.2192	0.1049	3178.5180	0.1132	0.5622

6.4 人力资本与居民收入差距:模型分析及检验

1. 数据平稳性检验

模型使用的是时间序列数据,为避免虚假回归我们依然需要对各变量做数据平稳性检验。图 6—5 是我国 1983—2007 年收入基尼系数的对数(LNG)、教育基尼系数对数(LNG_{JY})、卫生基尼系数对数(LNG_{WS})、人均人力资本存量对数(LNH)、工资总额占 GDP 比重对数(LNW)、国有单位职工人数占总职工人数比重对数(LNM)的变化趋势图。从中可以看出:6 个变量呈现出明显的发展趋势,不具有平稳性;经过一阶差分之后($DLNG$、$DLNG_{JY}$、$DLNG_{WS}$、$DLNH$、$DLNW$、$DLNM$)表现出了平稳性特征。

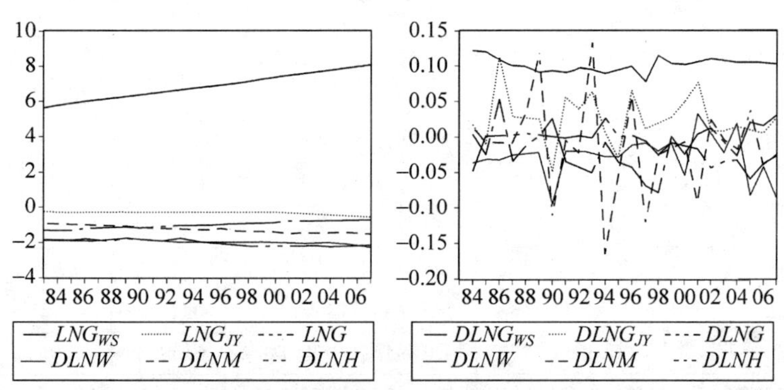

图 6—5 1983—2007 年我国 LNG、LNG_{JY}、LNG_{WS}、LNH、LNW、LNM 变化趋势图

同时为进一步验证数据平稳性特征,我们对模型中涉及的 6 个变量进行了 ADF 检验,检验结果见表 6—5。

表 6—5 ADF 检验结果

变量	ADF 值	检验类型 (c,t,n)	1%临界值	5%临界值	D. W.	是否平稳
LNG	−3.1729	c,t,0	−4.3943	−3.6122	1.8296	否
LNG_{JY}	−2.4586	c,t,0	−4.3943	−3.6122	2.2352	否
LNG_{WS}	−2.4072	c,t,0	−4.3943	−4.3943	2.1156	否
LNH	−1.1759	c,t,0	−4.3943	−3.6122	0.9667	否
LNW	−1.0744	c,0,1	−4.4163	−3.2486	2.0844	否
LNM	1.1884	c,t,0	−4.3743	−6.3032	1.2054	否
DLNG	−4.1195	c,0,5	−3.8574	−3.0404	1.3688	是
$DLNG_{JY}$	−4.4665	0,0,0	−2.6694	−1.9564	2.0450	是
$DLNG_{WS}$	−5.9162	0,0,0	−2.6694	−1.9564	1.8890	是
DLNH	−3.4559	c,0,0	−3.7529	−2.9981	2.4025	是*
DLNW	−3.0098	0,0,0	−2.6694	−1.9564	2.1450	是*
DLNM	−4.9936	c,0,0	−4.4163	−3.6220	1.9745	是

注:"是*"表示在 5%显著性水平上表现为平稳,"是"表示在 1%显著性水平上表现为平稳。

从表中 ADF 检验的结果可以看到,变量 *LNG*、LNG_{JY}、LNG_{WS}、*LNH*、*LNW*、*LNM* 在 1%或 5%显著水平上均表现为非平稳。一阶差分之后,*DLNG*、$DLNG_{JY}$、$DLNG_{WS}$、*DLNM* 在 1%显著水平上通过了单位根检验,表现出平稳性;*DLNH*、*DLNW* 没有通过 1%显著水平的单位根检验,但在 5%显著水平上也通过了单位根检验,表现出平稳性。因此可以确定 6 个变量均为一阶单整 I(1)。

2. 模型回归

根据上述数据,作普通最小二乘法估计,结果如下:

$$L\hat{N}G = -2.6913 + 0.0813LNG_{JY} + 0.2091LNG_{WS}$$
$$(0.3687) \qquad (1.8125)$$
$$+ 0.2977LNH - 0.0926LNW + 0.0753LNM$$
$$(3.8989) \qquad (-0.7890) \qquad (0.4247)$$
$$R^2 = 0.9837 \quad S.E. = 0.0280 \quad D.W. = 1.5079$$

从中可知看出，模型的拟合程度和 D. W. 检验通过了检验，但教育基尼系数对数（LNG_{JY}）、卫生基尼系数对数（LNG_{WS}）、工资总额占 GDP 比重对数（*LNW*）、国有单位职工人数占总职工人数比重对数（*LNM*）均未通过 t 检验；并且国有单位职工人数占总职工人数比重对数（*LNM*）的系数符号与预计不符，按照前文的分析国有单位职工人数占总职工人数比重应与收入基尼系数呈现负相关关系，该比重越高反映市场化程度越低，收入分配应该更加相对均等，但回归却显示该系数为正；教育基尼系数对数（LNG_{JY}）、卫生基尼系数对数（LNG_{WS}）的系数符号和系数值也存在着值得推敲之处，按照散点图，我国教育基尼系数、卫生基尼系数与收入基尼系数呈现出明显的反向运动关系，除非两者对收入基尼系数影响不显著，否则应该呈现负相关。[①] 由此我们推断模型存在多重共线性。基于拟合残差平方和普通最小二乘法估计，自变量必须相互独立，若自变量之间存在多重共线性，那么会使得普通最小二乘的方差增大、t 统计量值被低估、模型缺乏稳定性、预测结果

---

① 若呈现正相关也是可以接受的，但是除非教育基尼系数、卫生基尼系数对收入基尼系数影响很小，收入基尼系数主要受其他因素影响，两者在散点图上呈现出的反向关系仅仅是偶然，不存在因果关系。本书认为教育基尼系数、卫生基尼系数是影响收入基尼系数的显著因素，故上述假设不存在，后续实证检验也支持本观点。

不可信。

为此我们使用方差膨胀因子(VIF)来检测模型的多重共线性,结果如下:

$$\mathrm{VIF}=\frac{1}{1-\mathrm{R}^2}=30.8893$$

经验表明,当方差膨胀因子 VIF≥10 时,就认为存在多重共线性,而我们的模型中方差膨胀因子为 30.8893,也就是说回归所得的方差为线性无关时的 30.8893 倍。

针对模型存在的多重共线性,我们引入一种有偏估计方法岭回归来进行模型的估计,其求解的基本方程组为:

$$\begin{cases} \tilde{\beta}_0+\tilde{\beta}_1\overline{X}_1+\cdots+\tilde{\beta}_k\overline{X}_K=\overline{Y} \\ \begin{pmatrix} \| x_1 \| \ \tilde{\beta}_1 \\ \vdots \\ \| x_k \| \ \tilde{\beta}_k \end{pmatrix}=(\tilde{x}'\tilde{x}+\lambda I)^{-1}\tilde{x}'Y \end{cases}$$

所确定的估计量$\tilde{\beta}_0(\lambda),\tilde{\beta}_1(\lambda),\cdots,\tilde{\beta}_k(\lambda)$为线性回归模型的岭回归估计,$I$ 是单位矩阵。与普通最小二乘估计的正规方程组相比较,可以发现岭回归在$\tilde{x}'\tilde{x}$中加入了对角元素,所加入的对角常数 λ 即为岭系数,为待定常数。由于岭回归是根据 OLS 的标准化公式对矩阵$\tilde{x}'\tilde{x}$进行变形而来,若取 $\lambda=0$,即有$\tilde{\beta}(0)=\hat{\beta}$,就回到了普通最小二乘估计时的状态。此外,

$$\tilde{\beta}(\lambda)=D^{-1}(\tilde{x}'\tilde{x}+\lambda I)^{-1}\tilde{x}'Y$$

$$\tilde{\beta}_0(\lambda)=\left[\frac{1}{n}I'-MD^{-1}\cdot(\tilde{x}'\tilde{x}+\lambda I)^{-1}\tilde{x}'\right]Y$$

可见岭回归是线性估计,同时 $E\tilde{\beta}(\lambda)=D^{-1}(\tilde{x}'\tilde{x}+\lambda I)^{-1}\tilde{x}'\tilde{x}DB$

可见其还是有偏估计量。

我们运用岭回归的方法对模型进行了回归。图 6—6 的岭迹图中我们可以看出，当 $\lambda \geqslant 0.4$ 时，5 条岭迹曲线均趋于平稳，故我们选择 $\lambda = 0.4$ 时的岭回归结果来建立岭回归方程：

$$
\begin{aligned}
L\hat{N}G = &-2.70 - 0.291LNG_{JY} \\
&- 0.102LNG_{WS} + 0.0747LNH \\
&- 0.259LNW - 0.243LNM
\end{aligned}
$$

同时我们可得岭回归估计的残差平方和：

$$\sum \tilde{\varepsilon}_i^2(0.07) = 0.0077 < 0.1$$

说明模型的岭回归估计结果是比较成功的。

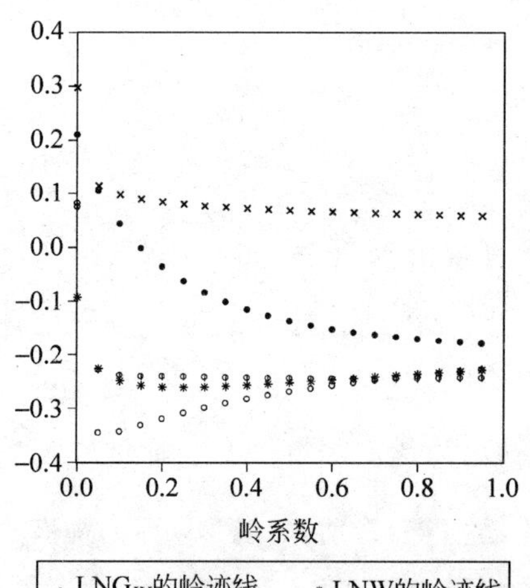

图 6—6　岭迹图

6.5 人力资本对我国居民收入差距的存量效应和结构效应

通过上文的实证分析,我们发现,我国人力资本对居民收入差距的存量效应和结构效应非常显著,具体来说有以下结论:

1. 目前我国人力资本存量对收入差距的扩张效应大于平等化效应

在前文理论分析中,我们提出人力资本存量对居民收入差距具有扩张效应和平等化效应,即随着人力资本存量的增加,居民收入差距会进一步拉大,同时,人力资本分布的平等化则又抑制这种拉大效果。实证研究表明,我国人力资本存量对收入差距拉大具有明显的正向作用。如前文的实证数据分析,人均人力资本存量对收入基尼系数的弹性为 0.0747,即人力资本存量每提高一个百分点,将会导致收入基尼系数提高 0.0747 个百分点。尽管这个弹性比较小,但仍然说明我国目前正处于扩张效应大于平等化效应的阶段。

这一结论与我国的发展实践也是契合的。1986 年我国居民收入基尼系数达到 0.3,直至 2000 年我国收入基尼系数才超过 0.4,2000 年之后,用了不到十年的时间就接近了 0.5。居民收入差距快速拉大是 2000 年之后发生的,这十年恰恰是我国经济发展速度最快的时期,我国国力大大增强,高等教育扩招、基础教育大力发展、卫生医疗制度改革全面推进、国家对科技投入量大幅增加等，均带动了人力资本存量的快速增加。2000 年人均人力资本存量为 1511.155 元，到 2008 年增长至 3178.5 元，增加了二倍。因此，这十年也是人力资本存量增长最快的时期。在这个过程中，2000 年前就获得人力资本的居民，借这十年的经济增长，收入快速提高；2000 年后获得人力资本的居民，其收入也不断增加；没有获得人力资本的居民则收入增长较慢。这样，扩张效应非常显著。同时，随着人力资本相关领域的快速发展，越来越多的居民获得了人力资本，人力资本不平等开始下降。依据我们的计算，2000 年之后，教育基尼系数下降到 0.3 之下，卫生基尼系数下降到 0.13 之下并持续下降至 0.10。这种平等化优化了人力资本在不同居民中的分布，人力资本存量对居民收入的平等化效应开始发挥作用。但整体而言，扩张效应仍大于平等化效应。

2. 我国目前处于倒 U 型曲线的左侧

在前文的人力资本对居民收入分配的机制分析中，我们指出，随经济发展阶段的变化，存在一条人力资本存量与居民收入差距的倒 U 型曲线。那么，我国是否存在这个倒 U 型曲线，如果存在，我国目前处于哪个阶段呢？

我们单纯考察人力资本存量和基尼系数两者之间的关系。如下图 6—7 所示。

从散点图可以看出两者之间呈现出明显的正向关系，同时发现两者关系并不是直线关系，而是呈现出二次曲线的形式。为此我们简单做了基尼系数与人均人力资本存量之间的线性关系，发现回归结果支撑二次曲线形式的判断。结果如下：

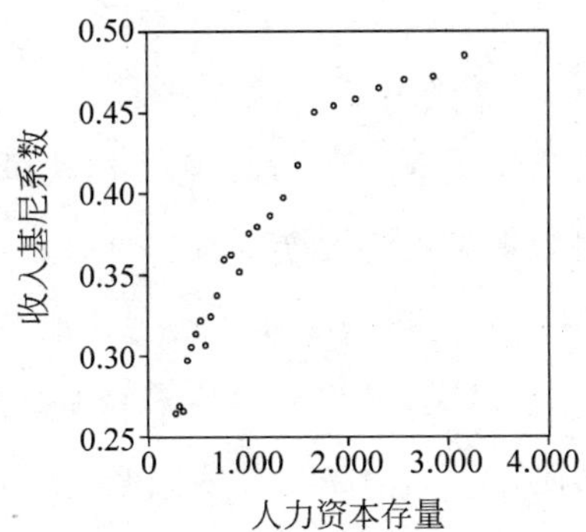

图 6—7　人力资本存量与收入基尼系数散点图

$$\hat{G}=0.2253+0.0002H+(-3.06E-08)H^2$$

(17.6979)　　　(−9.9895)

$R^2=0.9821$　　S.E. =0.0100　　D.W. =1.3952

从回归结果看，我国的确存在人力资本存量与收入基尼系数之间的倒 U 型曲线。进一步，我们可以得到该二次曲线的顶点，当人均人力资本存量达到 2875.816 元时收入基尼系数达到顶点，之后收入基尼系数随着人力资本存量的增长而降低。而改革开放以来，我国人均人力资本存量一直低于该标准，仅 2007 年达到了该水平，因此判断改革开放以来我国基本处于该倒 U 型曲线的左侧。同时，前文的计量分析也表明：目前我国人力资本存量与居民收入的基尼系数为正相关关系，再次验证了我国处于倒 U 型曲线的左侧的结论。

我国处于倒 U 型曲线左侧说明随着人力资本存量增加，居民收入差距还将拉大。但是，计量结果显示，这个弹性系数只有 0.0747。这就说明，我国已经接近倒 U 型曲线的顶点。另一方面，前面的测算指出我国倒U型曲线顶点的人均人力资本存量为2875.816元，我国已经接近了这个水平。尽管这个测算是粗略的，我们不能够以此为基准，但我们据此得出我国接近顶点这个结论还是可信的，因为它与我国发展阶段相对应。从发展阶段来看，目前，我国人均GDP已经突破3000美元，处于工业化中期向中后期过渡阶段。这一阶段，经济发展越来越依赖人力资本。前文的模型分析表明，物质资本仍然是当前我国经济增长的主要原因，人力资本还不是主要原因，这是我国长期粗放式经济增长方式的结果。然而，随着我国经济发展方式的转变，经济发展将更多地依赖人力资本。数据显示，改革开放以来物质资本存量对经济增长的弹性仅为0.316，人力资本对经济增长的弹性高达0.541，物质资本存量每增长一个百分点将拉动当期GDP增长0.316个百分点，人力资本存量每增长一个百分点将拉动当期GDP增长0.541个百分点，人力资本存量对经济增长更富有弹性。因此，经济发展对人力资本的需求增加，但人力资本的供给还不足，人力资本存量对收入差距的缩减效应还没有发挥作用；人力资本增加带来了居民收入的增加，却拉大了人力资本拥有者与非人力资本拥有者之间的收入差距。

3. 我国人力资本对收入差距的分布结构效应显著

在前文机理分析中，我们指出人力资本对居民收入差距存在结构效应，包括人力资本投资结构效应、分布结构效应和制度结构效应。前文的实证研究对分布结构效应和制度结构效应进行了验证，制度结构效应将在下文中分析，在此，我们主要分析分布结构效应。从实证结果可以看出,我国教育人力资本基尼系数、卫生人力资本基尼系数与收入基尼系数呈现明显的负相关关系。其中,教育人力资本基尼系数对收入基尼系数的弹性达到了－0.291,这意味着教育人力资本基尼系数每降低一个百分点,将会导致收入基尼系数上升 0.291 个百分点;卫生基尼系数对收入基尼系数的弹性为－0.102,即卫生人力资本基尼系数每降低一个百分点,将会导致收入基尼系数上升 0.102 个百分点。

实证研究的结论与理论分析出现了偏差。理论分析认为劳动者的人力资本差距缩小必然会作用于生产以及分配过程,导致收入差距的缩小,从而人力资本的均等化有利于降低收入差距;实证研究的结果恰恰相反,表明我国教育人力资本基尼系数和卫生人力资本基尼系数与收入差距负相关。从表面看,两个结论矛盾,必然有一个是错误的。然而,仔细分析,会发现二者并不矛盾。人力资本基尼系数和收入基尼系数负相关是我国改革开放以来特殊经济环境下的产物,这种结果并没有否定基本的经济学推理。下面具体来分析其内在的逻辑。

我们做了改革开放以来我国教育人力资本基尼系数、卫生人力资本基尼系数和居民收入基尼系数的散点图,如图 6—8 所示。从散点图中可以看出,改革开放以来我国教育人力资本基尼系数、卫生人力资本基尼系数与收入基尼系数之间表现出了明显的反向关系。这种反向关系是一个客观事实,我们无可否认。既然反向关系是客观事实,难道是理论分析存在逻辑问题吗?

进一步分析理论分析的逻辑推理,我们发现,理论分析存在着几个分析前提假设:一是人力资本是居民获得收入的主要依据,即

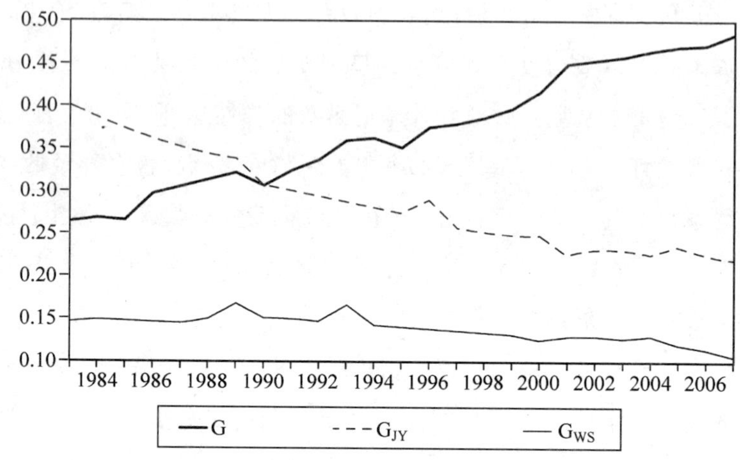

图 6—8　改革开放以来我国教育、卫生和收入基尼系数散点图

居民的人力资本与收入是直接的对等关系，依托人力资本获得的收入（简称人力资本收入）是居民收入的主要组成部分。二是假设人均人力资本不变，即在人均人力资本水平不变条件下，人力资本基尼系数降低会缩小劳动者在技能等方面的差距，从而缩小收入差距。然而，这两个假设在现实中均不能够满足。

首先看第一个假设：人力资本收入是居民的主要收入。在第1章对我国居民收入来源的分析可以看出，工薪收入占居民收入的比重高达70%。然而，工薪收入并不等于人力资本收入，工资与劳动者人力资本存量水平有关系，但没有直接的对应关系。首先，如我们在前文中所讲的错位效应，我国普遍存在高人力资本存量所有者只能获取低收入和低人力资本存量所有者却可以获得高收入的现象。其次，我国存在行业和体制造成的人力资本与工资的偏差，存在不同行业间工资差异、国有企业和私营企业之间的工资差异、企业与行政事业单位之间的工资差异等,这些差异与人力资本没有关系,但却是我国最为普遍的现象。即使在同一个单位,人力资本存量不同带来的收入差距也不大。再次,我国处于工业化中期阶段,对技工的需求大,所以技工的收入要远远高于其他类型劳动者的收入,出现了"脑体倒挂"现象。2006 年年初我国劳动和社会保障部进行的抽样调查的结果显示,我国农民工的月平均预期工资水平为 1100 元,而我国应届大学本科毕业生对首次就业的预期月薪水平仅为 1000 元,比农民工还低 100 元。据"2006 年广州市劳动工资指导价位"显示,新毕业本科生月工资中位数为 1977 元,低位数为 1180 元,而主要包括一线体力生产工的"生产运输设备操作人员",其月工资中位数为 2515 元,低位数为 1019 元。

我们再看第二个假设:人均人力资本存量水平不变。因为只有在人均人力资本存量不变的情况下,人力资本的平等化才能够缩小居民收入差距。然而,我国的情况恰恰是人均人力资本水平大幅增加。据测算,1978 年人均人力资本存量为 277.6 元,到 2008 年增长至 3178.5 元,是 1978 年的 11.4 倍。在这个过程中,非人力资本拥有者比重下降,低人力资本水平劳动者比重也降低,中高人力资本水平劳动者的比重迅速提高,人力资本分布呈现出均等化的趋势,表现为我国的教育基尼系数和卫生基尼系数均大幅下降。人力资本存量的大幅增加带动我国经济快速增长,人民收入水平快速提高。一方面由于分配制度和体制等方面的原因,居民收入差距拉大;另一方面,在人力资本存量快速增加过程中,人力资本拥有者与非人力资本拥有者的收入差距拉大。高层次人力资本拥有者与低层次人力资本拥有者的收入差距拉大。在我国整体的人力资本水平还不是太高的情况下(尤其是农民的人力资本水平更低),居民收入差距必然拉大。

正是由于理论推理的前提假设在我国不能够满足,人力资本对居民收入的结构效应呈现负相关关系。但这也是结构效应的一种表现。特别是教育基尼系数和卫生基尼系数对收入基尼系数的弹性分别达到−0.291和−0.102,我们应该关注和反思产生这个结论的原因。

4. 我国教育、卫生对居民收入差距的影响显著,尤以教育为重

教育和卫生是人力资本投资的两种主要类型,我们以二者的基尼系数作为反映人力资本分布状况的指标和人力资本分布对居民收入结构效应的衡量指标。从回归结果可以看出:教育人力资本基尼系数对收入基尼系数的弹性为−0.291,卫生基尼系数对收入基尼系数的弹性为−0.102,这意味着教育人力资本基尼系数和卫生人力资本基尼系数每降低一个百分点,将会导致收入基尼系数分别上升0.291个百分点和0.102个百分点,二者均对居民收入差距产生显著影响。特别是,教育均等化对收入差距的作用更大,其弹性是卫生的近3倍。

对此结果,我们必须回答以下问题:我国为什么会出现教育和卫生的平等化反而拉大了居民收入差距?为什么教育平等化对居民收入的影响高于卫生平等化的影响?

首先回答第一个问题。在上文中我们从理论分析与实证结果的矛盾角度对这个问题做了初步解释,但无论是理论分析还是实证研究,我们都需要分析这一现象背后的经济逻辑和机理。我们首先检查模型是否有问题,但是通过图6—8可以看出,偏开模型的三个具体数值的散点图均呈现出负相关关系,而且教育和卫生也均呈现这种关系,而不是教育和卫生其中的某一个。因此,我们可以初步判断模型没有问题。进一步解读教育基尼系数我们发现我国的教育平等化是低水平的平等化。2007年我国人均受教育年限仅8年左右,也就是刚刚完成初中文化教育。也就是说,我国教育平等化主要通过普及九年义务教育、扩张初中教育来实现的,教育基尼系数越低,越多的人摆脱了文盲和提高了受教育程度,拥有低水平教育人力资本的劳动者就越多。第5章对我国从业人员受教育程度的统计显示,2007年我国小学和初中文化程度的劳动者占总从业人员的72%左右。然而,我国正处于经济高速增长和人力资本存量快速提高的过程中,对高层次人力资本的需求较多,高层次人力资本获得了更高的收入,低水平人力资本很难获得较高的收入,更难分享经济发展成果,进一步拉大了居民之间的收入差距。这一点与我们在前文对我国处于人力资本存量对居民收入差距的扩张效应阶段的判断正好吻合。再看卫生基尼系数,前文我们采用以省为单位的人均床位数进行的测算,我国的卫生平等化同样也是低水平的平等化,2007年我国人均床位数最高的是上海,其每千人拥有床位数仅为5.2,贵州更少,仅为2.1,远不能满足人民群众的医疗卫生需求。与教育的情况类似,我国提高卫生平等化必然要加大对经济欠发达地区和基层卫生建设的投资,但人民群众的健康得到保障,但医疗费用支出降低,但是这并不能够直接为其带来更高的收入，高收入必须在经济发达地区才可以获得，从而出现了劳动者向城市和发达地区流动的现象。[①] 越加大卫生平等化的投资，向欠发达地区投资越多，流动到发达地区的劳动者就越多，从而拉大了与原居住地居民的收入差距。因此，我们要根据各地实际人口，而不仅仅是户籍人口来安排卫生投资、测算卫生基尼系数。

至于为什么教育平等化对居民收入差距的影响远远高于卫生。我们认为，这是教育和卫生作用于居民收入的方式不同决定的。教育是居民获取收入的直接依据和进入就业部门的凭证，卫生是居民获取收入的基础而不是直接依据。在我国处于人力资本存量与居民收入差距倒 U 型曲线左边、扩张效应明显的阶段，教育平等化程度的推进会直接作用于居民收入，而卫生平等化程度的推进则要通过其他方式间接作用于居民收入。因此，教育平等化对居民收入差距的影响要比卫生平等化高。

5. 人力资本的制度结构效应是影响我国居民收入差距的重要因素

人的行为是制度的产物，制度结构效应是人力资本对居民收入差距结构效应的重要内容。制度的影响是多方面的，我们主要考察了所有制和分配制度的影响，分别用国有企业职工人数占总职工人数比重和工资总额占 GDP 比重来衡量制度的变化。模型回归结果显示，国有企业职工人数占总职工人数比重、工资总额占

① 据有关数据，我国农民工规模达到 1.67 亿人。

GDP 比重对收入基尼系数的影响非常显著,两者对收入基尼系数的弹性分别达到了－0.243 和－0.259,也就是说,国有企业职工人数占总职工人数的比重每增长一个百分比将导致收入基尼系数降低 0.243 个百分比,工资总额占 GDP 的比重每增长一个百分比将导致收入基尼系数降低 0.259 个百分比。这充分说明制度对居民收入差距有重大的影响。

国有企业职工人数占总职工人数比重对居民收入差距的弹性为负值,说明了公有制与非公有制两种制度差异对居民收入差距的影响。在公有制企业中,职工收入相对差距不大,所以国有企业职工比重越大,居民收入差距就越小。相反,在非公有制企业中,职工收入差距较大,就业职工人数的增加往往会进一步拉大居民收入差距。弹性达到－0.243 这样高的水平,说明随着国有经济的战略性调整,国有企业从竞争性领域退出后,非公有制企业的大力发展,使职工收入差距拉得很大,居民收入差距进一步扩大。

工资总额占 GDP 比重对居民收入差距的弹性为负值,说明初次分配制度拉大了居民收入差距。这是我国实行的初次分配重效率,再分配重公平的原则的表现。弹性达到－0.259,说明初次分配对职工收入差距的影响巨大。从具体数据看,根据我们前文的测算,1990 年我国工资总额占 GDP 的比重为 15.8%,之后持续下降,2006 年降到了 10.9%,16 年降了近 5 个百分点。这一比重太低了,这再次说明了我国初次分配制度存在着严重问题,成为我国居民收入差距拉大的主要原因之一。

制度对居民收入差距的显著影响验证了我们的判断,人力资本是收入差距形成的基础性因素,但是从人力资本转化为现实收入要受到经济环境的影响和限制。改革开放以来，我国经济环境发生了剧烈的变化，市场经济迅速发展，相应地制度变革也在迅速跟进。在这样的环境中我国居民的收入差距受市场环境的影响尤为显著，甚至在一定程度上会削弱人力资本的基础性作用。所以考察中国的收入差距，应该从整个经济系统的角度去考察。

7 人力资本对我国居民城乡、地区、行业收入差距影响的实证研究

人力资本是居民收入差距形成的基础。不同人力资本禀赋赋予了个体不同的起点，而市场经济环境又将这种初始差别进一步放大，在多种因素的共同作用下最终形成了凸显的收入差距。改革开放以来的中国，收入差距拉大成为了一个重要的社会现象。这种差距不仅仅是一种总体现象，还表现出诸多的结构性问题。城乡收入差距、地区收入差距、行业收入差距就是其中三个典型，也是社会公共关注的三个热点。在前文中，我们运用计量经济模型对人力资本在居民收入差距中的作用进行了实证分析。本章我们将分析人力资本在我国居民城乡收入差距、地区收入差距、行业收入差距中的作用。

7.1 计量经济模型设计

1. 模型的选取

我国居民城乡、地区、行业收入差距是当前学术界研究的热点问题。学者们各自从不同的角度进行了诸多的研究。目前来看大多数研究都认为人力资本是我国居民城乡、地区、行业收入差距形

成的重要原因，从人力资本入手来解决这三种收入差距具有重要的意义。温娇秀(2007)的研究表明城乡教育不平等是收入差距扩大的一个重要原因，且影响越来越大。蔡昉、都阳(2000)以及闫望和姚宇东(2001)的实证研究表明人力资本是造成地区收入差距的主要原因。罗楚亮、李实(2007)根据第一次全国经济普查资料分析得出在对企业间、行业间工资和补贴决定机制的回归分析中，人力资本、资本投入以及经营绩效等均具有显著的影响。但是学者们并没有将人力资本作为我国居民城乡、地区、行业收入差距形成的最重要原因。在城乡收入差距中二元经济结构、经济体制是学者们关注的焦点，在地区收入差距中经济发展的不平衡性、吸引外资状况对收入差距的作用更被重视，而在行业差距中垄断因素、市场机制等则是研究的热点。本书认为在我国居民城乡、地区、行业收入差距的形成中，经济体制、二元结构、垄断等因素确实发挥着重要的作用，但人力资本起到的是基础性作用；收入差距的形成正是这些因素共同作用的结果。从人力资本逻辑入手解释收入差距具有逻辑上的可行性和实证上的可靠性，其他因素可以纳入人力资本逻辑框架中来。从这种认识出发，我们引入第6章的数理模型作为分析我国居民城乡、地区、行业收入差距的基础。模型仍以人力资本基尼系数和人均人力资本存量作为影响收入差距的主要因素，同时引入市场因素、分配制度等因素。具体如下：

$$G = \alpha_0 + \sum_{i}^{m} (\alpha_i G_i) + \beta_1 H + \beta_2 W + \beta_3 M + U$$

G 为衡量收入差距的指标，G_i 代表第 i 种人力资本基尼系数，

H 代表人力资本存量，W 代表分配制度，M 代表经济市场化程度，U 为其他影响收入差距的因素。

2. 变量选取和数据来源

根据模型，我们将分别以我国居民城乡收入差距、地区收入差距、行业收入差距为被解释变量，我们选取以下三个指标来分别表征三种差距：

(1) 城乡收入比(CXB)。国家统计局《中国统计年鉴》给出了我国城镇居民人均可支配收入和农村居民人均纯收入，我们将两者求比值，得到了城乡收入比。

(2) 居民地区收入泰尔指数(TDQ)。根据国家统计局《中国统计年鉴》可以得到各省(市、自治区、直辖市)历年的城镇居民人均可支配收入和农村居民人均纯收入，通过转化核算即可得到居民地区收入泰尔指数。在此，我们直接选用本书第 2 章的测算结果。

(3) 居民行业收入泰尔指数(THY)。根据国家统计局《中国统计年鉴》中每年各行业的平均工资数据，经过核算即可得到每年的居民行业收入泰尔指数。在此，我们直接采用本书第 2 章的测算结果。

在解释变量方面，我们采用了以下五个指标：

(1) 教育基尼系数(G_{JY})。该指标用以表征教育人力资本的分布状况。

(2) 卫生基尼系数(G_{WS})。该指标用以表征卫生人力资本的分布状况。教育人力资本和卫生人力资本是两种我国当前最主要的人力资本形式，在此我们用教育基尼系数和卫生基尼系数代表了整体人力资本的分布状况。

(3) 人均人力资本存量(H)。该指标用以衡量人力资本存量对收入分配的影响程度。

(4) 工资总额占GDP比重(W)。我们用该指标来表征劳动所得占总收入的比重，以进一步度量分配制度在收入分配中的作用。

(5) 国有单位职工人数占总职工人数比重(M)。我们用该指标来表征经济市场化程度的作用。

以上所有变量的数据范围均为1983—2007年，具体见表7—1。我们的计量模型选用其对数值来进行，具体如下：

$$LNG = \alpha_0 + \alpha_1 LNG_{JY} + \alpha_2 LNG_{WS} + \alpha_3 LNH + \alpha_4 LNW + \alpha_5 LNM + \varepsilon$$

其中 ε 为随机误差项。

表7—1 模型相关数据

年份	城乡收入比(CXB)	地区收入泰尔指数(TDQ)	行业收入泰尔指数(THY)	教育基尼系数(G_{JY})	卫生基尼系数(G_{WS})	人均人力资本存量(H)	工资总额占GDP比重(W)	国有单位职工人数占总职工人数比重(M)
1983	1.8225	0.0330	0.0083	0.4003	0.1461	277.6222	0.1567	0.7617
1984	1.8354	0.0324	0.0092	0.3858	0.1482	313.7484	0.1572	0.7264
1985	1.8589	0.0335	0.0097	0.3737	0.1470	353.7398	0.1534	0.7275
1986	2.1256	0.0397	0.0081	0.3615	0.1458	394.3865	0.1615	0.7286
1987	2.1662	0.0432	0.0086	0.3523	0.1446	435.9554	0.1560	0.7306
1988	2.1659	0.0452	0.0086	0.3443	0.1495	481.0619	0.1540	0.7337
1989	2.2841	0.0515	0.0080	0.3368	0.1676	526.3865	0.1541	0.7356
1990	2.2005	0.0487	0.0093	0.3069	0.1506	578.0086	0.1581	0.7359

续表

年份	城乡收入比（*CXB*）	地区收入泰尔指数（*TDQ*）	行业收入泰尔指数（*THY*）	教育基尼系数（G_{JY}）	卫生基尼系数（G_{WS}）	人均人力资本存量（*H*）	工资总额占*GDP*比重（*W*）	国有单位职工人数占总职工人数比重（*M*）
1991	2.3999	0.0585	0.0100	0.3007	0.1450	633.0396	0.1526	0.7350
1992	2.5849	0.0627	0.0111	0.2950	0.1467	697.3004	0.1463	0.7361
1993	2.7967	0.0778	0.0151	0.2889	0.1667	766.9022	0.1391	0.7354
1994	2.8634	0.0803	0.0210	0.2812	0.1421	838.2820	0.1381	0.7552
1995	2.7147	0.0817	0.0187	0.2737	0.1382	920.8370	0.1332	0.7554
1996	2.5123	0.0746	0.0198	0.2895	0.1367	1016.6450	0.1276	0.7574
1997	2.4689	0.0701	0.0238	0.2576	0.1355	1097.5970	0.1191	0.7529
1998	2.5093	0.0678	0.0229	0.2516	0.1328	1230.7790	0.1101	0.7342
1999	2.6485	0.0723	0.0261	0.2486	0.1318	1365.1960	0.1101	0.7281
2000	2.7869	0.0922	0.0282	0.2468	0.1249	1511.1550	0.1074	0.7196
2001	2.8987	0.0956	0.0321	0.2252	0.1291	1678.5640	0.1079	0.7079
2002	3.1115	0.0878	0.0341	0.2307	0.1297	1874.3130	0.1094	0.6784
2003	3.2310	0.0891	0.0513	0.2297	0.1269	2089.9550	0.1085	0.6553
2004	3.2086	0.0880	0.0522	0.2255	0.1293	2321.9340	0.1057	0.6344
2005	3.2238	0.0959	0.0564	0.2339	0.1192	2579.0770	0.1080	0.5980
2006	3.2784	0.0966	0.0586	0.2250	0.1143	2866.3630	0.1098	0.5762
2007	3.3296	0.0886	0.0605	0.2192	0.1049	3178.5180	0.1132	0.5622

7.2 模型分析及检验

1. 数据平稳性检验

由于模型仍然建立在时间序列基础之上，因此为避免虚假回归我们对数据进行了平稳性检验。图 7—1 是我国 1983—2007 年城乡收入比对数（*LNCXB*）、居民地区收入泰尔指数对数（*LNTDQ*）、居民行业收入泰尔指数对数（*LNTHY*）、教育基尼系数对数（LNG_{JY}）、卫生基尼系数对数（LNG_{WS}）、人均人力资本存量对数

(LNH)、工资总额占 GDP 比重对数(LNW)、国有单位职工人数占总职工人数比重对数(LNM)的变化趋势图。从中可以看出:8个变量呈现出明显的发展趋势,不具有平稳性;经过一阶差分之后($DLNCXB$、$DLNTDQ$、$DLNTHY$、$DLNG_{JY}$、$DLNG_{WS}$、$DLNH$、$DLNW$、$DLNM$)表现出了平稳性特征,见图 7—2。

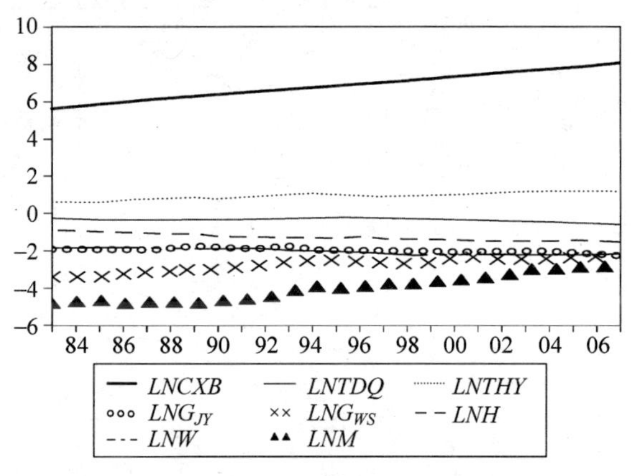

图 7—1 8 个变量变化趋势图

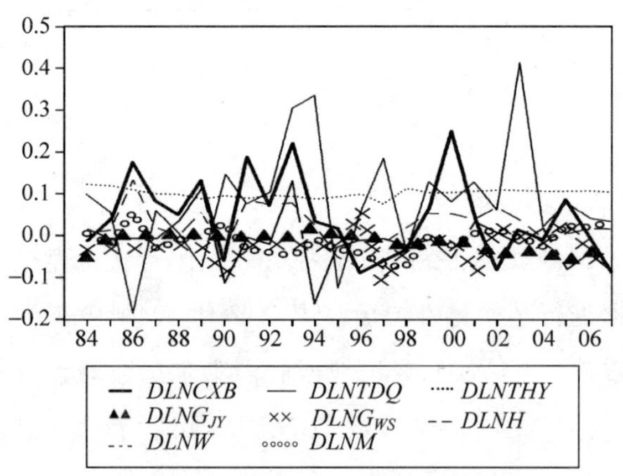

图 7—2 变量一阶差分后趋势图

同时，我们对模型中所要涉及的变量数据进行单位根检验，ADF 检验的结果见表 7—2。

表 7—2 ADF 检验结果

变量	ADF 值	检验类型 (c,t,n)	1%临界值	5%临界值	D. W.	是否平稳
LNCXB	−3.4997	*c*,*t*,2	−4.4407	−3.6329	1753526	否
LNTDQ	−1.2406	*c*,*t*,0	−4.3943	−3.6122	1.6640	否
LNTHY	−2.4053	*c*,*t*,0	−4.3943	−3.6122	1.9748	否
LNG_{JY}	−2.4586	*c*,*t*,0	−4.3943	−3.6122	2.2352	否
LNG_{WS}	−2.4072	*c*,*t*,0	−4.3943	−4.3943	2.1156	否
LNH	−1.1759	*c*,*t*,0	−4.3943	−3.6122	0.9667	否
LNW	−1.0744	*c*,0,1	−4.4163	−3.2486	2.0844	否
LNM	1.1884	*c*,*t*,0	−4.3743	−6.3032	1.2054	否
DLNCXB	−2.9546	0,0,0	−2.6694	−1.9564	2.0141	是
DLNTDQ	−3.4357	0,0,0	−2.6694	−1.9564	2.0193	是
DLNTHY	−3.6374	0,0,0	−2.6694	−1.9564	2.1078	是
$DLNG_{JY}$	−4.4665	0,0,0	−2.6694	−1.9564	2.0450	是
$DLNG_{WS}$	−5.9162	0,0,0	−2.6694	−1.9564	1.8890	是
DLNH	−3.4559	*c*,0,0	−3.7529	−2.9981	2.4025	是*
DLNW	−3.0098	0,0,0	−2.6694	−1.9564	2.1450	是*
DLNM	−4.9936	*c*,0,0	−4.4163	−3.6220	1.9745	是

从表中 ADF 检验的结果可以看到，变量 *LNCXB*、*LNTDQ*、*LNTHY*、LNG_{JY}、LNG_{WS}、*LNH*、*LNW*、*LNM* 在 1%和 5%显著水平上均表现为非平稳。一阶差分之后，*DLNCXB*、*DLNTDQ*、*DLNTHY*、$DLNG_{JY}$、$DLNG_{WS}$、*DLNM* 在 1%显著水平上通过了单位根检验，表现出平稳性；*DLNH*、*DLNW* 没有通过 1%显著水平的单位根检验，但在 5%显著水平上也通过了单位根检验，表现出平稳性。因此可以确定 8 个变量均为一阶单整 I(1)。

2. 模型回归

根据上述数据，我们分别以城乡收入比对数、地区收入泰尔指数对数、行业收入泰尔指数对数为被解释变量，对城乡收入差距模型、地区收入差距模型、行业收入差距模型进行了普通最小二乘估计。结果见表 7—3。

表 7—3 模型回归结果

	模型 1		模型 2		模型 3	
	系数	t 值	系数	t 值	系数	t 值
α	0.0594	0.1862	−5.3919	−9.5130	−12.2070	−12.3516
LNG_{JY}	−0.0987	−0.2578	0.2710	0.3984	0.6346	0.5352
LNG_{WS}	0.3981	1.9867	0.5440	1.5287	−0.5461	−0.8802
LNH	0.3891	2.9347	0.9683	4.1124	0.6082	1.4813
LNW	0.5175	2.5389	0.8985	2.4823	−1.6908	2.6789
LNM	0.1822	0.5922	2.0798	3.8066	−1.0230	−1.0738
R^2	0.9464		0.95559		0.9655	
S. E.	0.0486		0.0862		0.1503	
D. W.	0.9330		1.2069		0.9889	
VIF	9.5851		11.5133		14.7383	

从回归结果看，三个模型的拟合程度和 D. W. 检验得以通过，但是存在着部分因素不显著以及符号不符合理论推断的状况。理论上工资总额占 GDP 比重、国有职工人数占总职工人数比重应该与城乡、地区、行业收入差距呈现负相关。工资总额占 GDP 比重越低说明收入分配不利于低收入群体，收入差距将被拉大，在城乡、地区、行业收入差距中也应该体现出被拉大；而国有职工人数占总职工人数比重也应该与城乡、地区、行业收入差距负相关，国

有职工人数占总职工人数比重越低说明市场经济发展越充分，收分配越有利于持有生产要素多的群体，收入差距将会被拉大，城乡、地区、行业之间的收入差距也会被放大。但是我们的回归结果中模型 1 和模型 2 中工资总额占 GDP 比重、国有职工人数占总职工人数比重两个变量的系数都为正。此外模型 1 中教育基尼系数和国有职工人数占总职工人数比重 t 值不显著，模型 2 中教育基尼系数和卫生基尼系数 t 值不显著，模型 3 中教育基尼系数、卫生基尼系数和国有职工人数占总职工人数比重 t 值不显著。由此我们推断三个模型均存在多重共线性。同时经过测算三个模型的方差膨胀因子（VIF）分别达到了 9.58、11.51、14.74，按照 VIF 大于等于 10 即存在多重共线性的经验，结合回归出现的系数不显著、符号不正确等因素，我们综合推断认为上述三个模型均存在多重共线性。

为此我们的模型转而采用岭回归的方法重新进行估计，其原理为求解基本方程组：

$$\begin{cases} \widetilde{\beta}_0 + \widetilde{\beta}_1 \overline{X}_1 + \cdots + \widetilde{\beta}_k \overline{X}_K = \overline{Y} \\ \begin{pmatrix} \| x_1 \| \widetilde{\beta}_1 \\ \vdots \\ \| x_k \| \widetilde{\beta}_k \end{pmatrix} = (\tilde{x}' \tilde{x} + \lambda I)^{-1} \tilde{x}' Y \end{cases}$$

来估计$\widetilde{\beta}_0(\lambda)$，$\widetilde{\beta}_1(\lambda)$，…，$\widetilde{\beta}_k(\lambda)$，同时根据岭迹图来决定最终的取值。图 7—3 分别是三个模型的岭迹图。从中我们可以看出，在模型 1 中当 $\lambda \geqslant 0.6$ 时 5 条岭迹曲线均趋于平稳，在模型 2 中当 $\lambda \geqslant 0.7$ 时 5 条岭迹曲线均趋于平稳，在模型 3 中当 $\lambda \geqslant 0.25$ 时 5 条岭

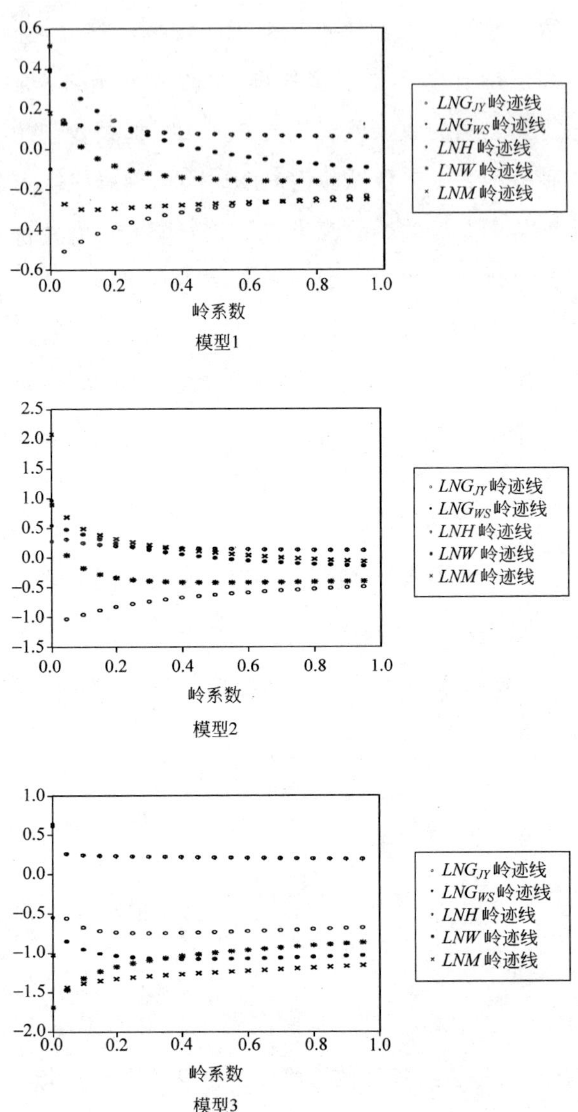

图 7—3 模型 1、模型 2、模型 3 岭迹图

迹曲线均趋于平稳，所以我们分别选择 λ＝0.5、λ＝0.7、λ＝0.25 时的岭回归结果来建立岭回归方程，具体的回归结果见表 7—4。同时我们可得岭回归估计的岭拟合程度为 0.0077，经验表明该值小于 0.1 即可说明岭回归估计结果是比较成功的。

表 7—4 模型 1、模型 2、模型 3 岭回归结果

	模 型 1	模 型 2	模 型 3
α	－0.3614	－5.3614	－11.3072
LNG_{JY}	－0.2941	－0.5599	－0.7474
LNG_{WS}	－0.0158	－0.0913	－1.0578
LNH	0.0723	0.1287	0.2252
LNW	－0.1509	－0.4161	－1.1308
LNM	－0.2716	－0.0004	－1.3102
岭拟合指标	0.0148	－0.0109	－0.0073

7.3 人力资本对我国居民城乡、地区、行业收入差距的影响

在第 3 章关于人力资本对居民收入差距的作用机制分析中，我们指出人力资本对居民收入差距具有存量效应和结构效应。在第 6 章我们对人力资本居民总体收入差距的影响进行了实证分析，验证了存量效应和结构效应。那么，人力资本对居民的结构性收入差距影响如何呢？通过前文的计量分析，可以发现人力资本对居民结构性收入差距同样存在存量效应和结构效应。

1. 人力资本对居民结构性收入差距的存量效应比较显著

从回归结果看，人力资本存量对三种收入差距的正向作用十

分明显。人均人力资本存量对我国居民城乡收入比、地区收入泰尔指数、行业收入泰尔指数的弹性分别达到了 0.0723、0.1287、0.2252,人均人力资本存量每上升一个百分点将使得城乡收入比、地区收入泰尔指数、行业收入泰尔指数分别上涨 0.0723、0.1287、0.2252 个百分点。

这个结果首先表明人力资本对我国居民结构性收入差距具有比较显著的存量效应。其次,这种正相关关系再次验证了前文得出的我国目前处于人力资本与居民收入差距倒 U 型曲线左边的结论。

改革开放以来,我国居民人均人力资本存量迅速增长,从 1978 年的人均 159.5 元,已经增长到了 2007 年的人均 3178.5 元。在人力资本存量快速增长过程中,部分居民凭借着人力资本占有上的优势获取了更高的收入回报,从而打破了长期"大锅饭"式的分配格局。然而受制度环境、经济结构等因素影响,这种人力资本的迅速增长本身就是非均衡的,在城乡居民之间、不同地区的居民之间、不同行业劳动者之间人力资本的增长体现出了不同的发展态势。城市居民具有更加便利的条件接受更好的教育和医疗卫生等服务,成为人力资本增长更快的群体;而在地区之间,发达地区和大城市居民占据了人力资本投资的便利条件;行业之间比较,高收入行业、新兴行业、知识密集型行业的从业人员人力资本存量相对较高。同时,由于我国正处于工业化阶段,对人力资本需求强烈,人力资本的非均衡直接转化为居民收入的非均衡,最终使得城乡之间、地区之间、行业之间的收入差距得以拉大。

同时,我们发现人力资本对不同的居民结构性收入差距存量效应强度差异较大。人均人力资本存量增长对行业收入差距的弹性最大,人均人力资本存量每上涨一个百分点将使行业收入泰尔指数上涨 0.2252 个百分点;而对城乡收入差距的弹性的作用最小,人均人力资本存量每上涨一个百分点仅使得城乡收入比上涨 0.07232 个百分点;对地区收入差距的弹性居中,人均人力资本存量每上涨一个百分点将使得地区收入泰尔指数上涨 0.1287 个百分点。

人力资本对不同的居民结构性收入差距存量效应强度的差异基于两个方面的原因:一方面是人力资本对行业收入、地区收入和城乡收入的影响不同。在工业化阶段,行业发展整体对人力资本的依赖度较高,人力资本收入在行业工资中的比重整体较大,但不同行业对人力资本的要求不同、生产效率不同、回报也不相同,因此,行业之间收入差距对人均人力资本的提高反映最敏感。对于地区收入而言,人力资本是基础性要素,其作用的发挥受资源禀赋、产业结构、吸引外资状况、经济增长状况等影响较大,因此,人力资本对地区收入差距的影响低于行业收入差距。至于城乡收入,则主要受二元经济结构、制度歧视、产业差异等因素的影响,人力资本的作用要小得多。另一方面是居民流动的便利会影响人力资本对居民结构性收入差距的敏感度。因为,随着人均人力资本存量的增加,居民会通过迁移来实现自己的人力资本价值,从而引起结构性收入差距的变化。行业之间的流动最为便利和普遍,高人力资本存量的居民越来越多地流向高收入行业,带动此类行业更快发展,行业间收入差距越来越大。相反,城乡之间的流动最难,人力资本价值难以实现,收入难以提高,因此,人力资本增加对城乡收入差距敏感度最低。地区间流动的便利程度居中，敏感度居中。

2. 人力资本对居民结构性收入差距的结构效应非常显著

从回归结果看，人力资本基尼系数对三种收入差距负相关影响显著，说明人力资本结构效应对我国居民城乡差距、地区差距、行业差距作用明显。教育基尼系数对我国居民城乡收入比、地区收入泰尔指数、行业收入泰尔指数的弹性分别达到了－0.2941、－0.5599、－0.7474，即教育基尼系数每提升一个百分点将导致我国居民城乡收入比、地区收入泰尔指数、行业收入泰尔指数分别下降 0.2941、0.5599、0.7474 个百分点。同时卫生基尼系数对我国居民城乡收入比、地区收入泰尔指数、行业收入泰尔指数的弹性分别达到了－0.0158、－0.0913、－1.0578，卫生基尼系数每提升一个百分点将导致我国居民城乡收入比、地区收入泰尔指数、行业收入泰尔指数分别下降 0.0158、0.0913、1.0578 个百分点。

与前文人力资本结构效应对居民整体收入差距的影响相同，人力资本结构效应对居民结构性收入差距也呈现负相关关系。近三十多年，在我国居民人均人力资本存量快速增加的过程中，人力资本分布呈现出了日趋均等的发展态势。但是，由于我国的整体人力资本水平还比较低，2007 年我国居民平均受教育年限仅有 8 年左右，我国人均床位数最高的上海每千人拥有床位数仅为 5.2，最低的贵州仅为 2.1。这说明我国人力资本的均等化是低水平的均等化。在均等化过程中，极低人力资本存量个体比重大大降低，低人力资本存量的居民比重大幅增加，中高人力资本存量个体比重增加不大。然而，我国工业化中期阶段对人力资本的巨大需求，为高层次人力资本带来了较高的收入，拉大了不同层次人力资本的收入差距。这种态势对不同群体的影响不同，形成了不同结构的差距。在城市居民中，低人力资本个体比重的下降速度非常迅速，中高层次人力资本比重要高，而在农村居民中低人力资本个体比重下降速度却相对较慢，导致城乡收入差距扩大。在不同地区之间，发达地区居民中低人力资本个体比重下降速度快，而欠发达地区居民中低人力资本个体比重下降速度则较慢，导致地区居民收入差距扩大。行业之间更是如此，高收入行业、新兴行业、知识密集型等行业中低人力资本个体比重下降速度更快，中高层次人力资本的比重提升要快得多，而其他行业中高层次人力资本比重上升要慢，导致居民行业间收入差距扩大。

3. 教育平等是影响居民结构性收入差距的重要因素

人力资本是由教育、卫生、培训、干中学、迁移等多种人力资本投资形成的，本书中我们主要采用教育基尼系数和卫生基尼系数衡量人力资本不平等。从人力资本结构效应来看，教育基尼系数对城乡、地区、行业收入差距的影响整体上要大于卫生基尼系数。回归结果显示，教育基尼系数对行业收入泰尔指数的弹性最大，教育基尼系数每上升一个百分点将使行业收入泰尔指数下降0.7474个百分点；而教育基尼系数对城乡收入比的弹性最小，教育基尼系数每上升一个百分点将使城乡收入比下降0.2941个百分点；教育基尼系数对地区收入泰尔指数的弹性居中，教育基尼系数每上升一个百分点将使地区收入泰尔指数下降0.5599个百分点。卫生基尼系数对城乡收入差距和地区收入差距的影响均比较小，弹性分别为－0.0158和－0.0913，但是对行业收入差距的影响非常大，弹性为1.0578。

不同的弹性反映了城乡收入差距、地区收入差距、行业收入差距对教育和卫生的不同敏感性。与前文对人力资本存量效应在三种结构中不同弹性原因的分析类似，从人力资本变化到收入变化之间需要诸多因素的共同的作用，经济环境中的诸多因素都会发挥作用。教育导致劳动者能力不同，从而影响生产效率，作用相对明显。而卫生作为一种潜在的因素，通过作用个体的健康程度间接影响个体收入，作用力度相对较弱。这种状况在放大到城乡之间、地区之间时会发现城乡之间在人力资本上差距更加明显地体现为教育差别，而健康程度的差别相对不明显。相反，行业之间的情况又有所不同，在我国目前的工业化阶段，不同行业对个体身体素质等影响体现得相对显著，卫生人力资本的作用比较明显，并且行业之间的卫生人力资本差距和教育人力资本差距之间还存在一定的同步性，在这些因素的共同作用下卫生人力资本对行业收入差距的弹性反而显得十分明显。当然，卫生基尼系数对行业收入差距的弹性达到1.0578，如此之高，的确令人吃惊，我们在下文中结合其他因素进一步考察。

4. 制度对居民结构性收入差距有重要影响

制度结构效应是人力资本对居民收入差距结构效应的重要内容，在居民结构性收入差距中，我们再次看到制度的巨大影响。回归结果显示，工资总额占GDP比重对城乡收入比、地区收入泰尔指数、行业收入泰尔指数的弹性分别达到了－0.1509、－0.4161、－1.1308，即工资总额占GDP比重每上涨一个百分点将导致城乡收入比、地区收入泰尔指数、行业收入泰尔指数分别降低0.1509、0.4161、1.1308个百分点，作用十分明显。而国有职工人数占总职工人数比重对城乡收入比、地区收入泰尔指数、行业收入泰尔指数的弹性则分别为－0.2716、－0.0004、－1.3102，即国有职工人数占总职工人数比重每上涨一个百分点将导致城乡收入比、地区收入泰尔指数、行业收入泰尔指数分别下降0.2716、0.0004、1.3102个百分点，作用也比较显著。

工资总额占GDP比重代表的是初次分配制度，初次分配中劳动报酬比重过低对居民结构性收入差距影响很大，尤其是行业收入差距的影响更大。这是因为行业收入主要由工资构成，影响最大。初次分配主要在企业内部进行，企业在不同区域的分布状况变化情况直接影响初次分配制度对居民结构性收入差距的弹性。不同地区企业数量的差异较大，所以初次分配的影响也较大。相反，城乡之间企业分布变化不大，所以影响也最小。

国有职工人数占总职工人数比重代表的是所有制，不同所有制企业分配制度不同，造成了所有制的差别，影响居民结构性收入差距。就行业收入差距而言，国有企业内部职工收入差距小，非公有制企业内部收入差距较大，因此，所有制对居民行业收入差距的影响很大。就地区收入差距而言，不同地区之间所有制结构变化很小，很难影响到地区间收入差距。城乡之间则不同，所有制的变化主要在城市，农村所有制变化微乎其微，因此，城市国有企业越多，越有利于降低城乡收入差距。

5. 教育和国有化程度是影响城乡收入差距的主要因素

城乡收入差距是我国目前居民结构性收入差距的主要组成部分，那么造成城乡居民收入差距不断扩大的原因是什么，理论界进行了诸多的研究，有的认为是城乡生产力差异造成的，有的认为社会等级关系与市场经济本身有不断扩大城乡收入差距的趋势，而国家执行扶强扶优的政策，使国家宏观调控烫平城乡差距的政策发生错位与缺位，加快了城乡收入差距的扩大(林光彬，2004)；有的认为是城乡二元体制造成的(张红宇，2004)；等等。我们的研究发现，教育不平等、卫生不平等、人均人力资本存量、初次分配制度、国有化程度对城乡居民收入差距的弹性分别为－0.2941、－0.0158、0.0723、－0.1509、－0.2716。从中可以看出：由于我国处于倒U型曲线左边，人均人力资本存量的增加反而会加大城乡收入差距，但这一影响较小；卫生不平等曾经被一些学者认为是拉大城乡收入差距的因素，从我们的结果看影响不大；初次分配制度的影响相对较大，但教育不平等和国有化程度对城乡收入差距影响最大。

6. 教育和初次分配制度是影响地区收入差距的主要因素

地区收入差距也是居民结构性收入差距的主要表现之一，王小鲁、樊纲(2004)、彭国华(2005)认为全要素生产率(TFP)是我国省区间收入差距的重要原因；林毅夫、刘培林(2003)认为重工业优先发展的赶超战略是地区收入差距的主要原因；等等。我们的结果显示：教育不平等、卫生不平等、人均人力资本存量、初次分配制度、国有化程度对地区间居民收入差距的弹性分别为－0.5599、－0.0913、0.1287、－0.4161、－0.0004。所有制对地区间收入差距的影响微乎其微，卫生不平等的影响也较弱，人均人力资本存量有直接的影响，但拉大了地区收入差距，教育不平等和初次分配制度的影响最大。

7. 制度是影响行业收入差距的主要因素

行业收入差距是目前收入分配中最为突出的问题，过大的行业收入差距是社会关注的焦点。顾颖、岳永、房路生(2007)认为所有制改革抑制了中小企业的发展、扩大了行业收入差距；李实、魏众(2009)认为城镇部门之间劳动力市场分割对不同部门之间职工收入差距及其变动具有非常明显的影响作用；也有的学者认为国有垄断是拉大行业收入差距的主要原因；等等。我们的结果显示：教育不平等、卫生不平等、初次分配制度、国有化程度对行业间居民收入差距的弹性分别为－0.7474、－1.0578、－1.1308、－1.3102。几乎所有的因素均对行业收入差距有较强的影响。这一方面是由于行业收入差距的确很大，所以在计量分析中表现要强烈，另一方面则是行业收入差距的确是由多种因素造成的，不是哪个因素单方面的原因。当然，其中制度的影响最为显著，初次分配制度和所有制的弹性均在 1 以上，这也与我国的实际相符。收入分配重在初次分配，初次分配在企业中完成，所以初次分配制度的改变对行业收入差距弹性大。国有企业职工收入差距小，非公有制企业收入差距大，所以所有制结构的变化对行业收入差距影响最大。这一结论反驳了当前有些学者认为国有垄断造成了行业收入差距的论断，目前我国不是国有企业比重大了，而是太小了，所以要进一步加大国有企业比重，降低行业收入差距。国有垄断现象在我国的确存在，但是正是国有经济的战略性调整，提高了国有企业职工的收入，总体上降低了行业收入差距。卫生基尼系数对行业收入差距的影响，我们只能从工业化阶段对职工健康的要求来解释，但弹性如此之大，还需要我们进一步研究。

7.4　小结

我国居民收入差距拉大既是一种总体现象，又表现出诸多的结构性问题。城乡收入差距、地区收入差距、行业收入差距就是其中三个典型，也是社会公众关注的三个热点。本章我们将前文人力资本—收入差距模型进一步拓展，用于分析我国居民城乡收入差距、地区收入差距、行业收入差距，在运用岭回归进行计量检验之后得出以下几点：一是人力资本存量、人力资本结构在我国居民城乡、地区、行业收入差距发挥着重要的作用。我国人力资本增长具有非均衡性，受制度环境、经济结构等因素影响，在城乡居民之间、不同地区的居民之间、不同行业劳动者之间人力资本存量增长和结构演变呈现出了不同的发展态势。这最终作用于居民个体的收入，使城乡之间、地区之间、行业之间的收入差距得以拉大。二是人力资本在城乡之间、地区之间、行业之间的收入差距中作用程度并不相同。人力资本存量和人力资本结构对行业收入差距的影响更加显著，而对城乡收入差距、地区收入差距的影响相对来讲则弱一些。三是制度等人力资本之外的因素在我国居民城乡、地区、行业收入差距中的作用不可忽视。

但是，由于成熟的市场经济体制还没有完全建立，人力资本作为一种要素充分发挥调节收入分配作用的条件还存在诸多的不成熟，在我国经济体内还存在着诸多因素影响和制约着人力资本的作用力度。在城乡之间计划经济时期遗留的户籍制度以及附着在其上的福利歧视仍然制约着城乡收入走向公平，地区之间经济增长和收入分配受国家宏观发展战略、自然条件、对外开放程度等影响显著，行业之间由于垄断程度、政府政策优惠等造成的对分配公平的破坏等还大量存在。在市场经济体制尚不成熟的条件下，人力资本作为一种基础性因素在收入分配中的作用并没有充分的发挥出来。但从长期来看，人力资本的作用必将受到充分的重视，起到主导收入分配的重要作用。随着社会经济的发展，分工程度会日益提高，对劳动者的人力资本会提出更高的要求，劳动者只有具备了一定程度的人力资本水平，才能楔入高附加值的生产环节，分享分工带来的财富增长。人力资本在收入分配中的作用将随着分工演进而显得日趋重要。同时从我国社会经济演进来看，市场经济将会在中国逐步走向成熟，城乡分割的二元经济结构最终将会走向一元，户籍制度将随着社会发展退出历史舞台或被刨除附着在其上的诸多不公平福利，地区经济在经历非均衡发展的阵痛之后将走向均衡，行业垄断、政策歧视等将随着经济发展受到规制。总的来讲，随着市场经济环境的不断优化、经济制度的不断完善，人力资本在收入分配中的作用将会进一步凸显，我国的收入分配将朝着公平公正的方向昂首迈进。

8 结论与政策建议

8.1 结论

居民收入差距持续扩大是我国当前面临的最为突出的矛盾，也是社会关注的热点，本书在深入研究人力资本与居民收入差距作用机理基础上，通过建立计量模型，实证考察了人力资本在我国居民收入差距扩大中的作用，得出以下结论。

1. 目前人力资本是引起我国居民收入差距扩大的一个重要原因，制度对居民收入差距有重要影响

前文的实证分析显示，人力资本无论对居民总体收入差距还是结构差距均产生了一定的影响，人均人力资本存量对居民收入基尼系数的弹性为 0.0747，对居民城乡收入比、地区收入泰尔指数、行业收入泰尔指数的弹性分别达到了 0.0723、0.12868 和 0.2252。从这个结果看，人力资本的确对居民收入差距有一定的影响，尤其对行业收入差距和地区收入差距的影响更大一些，但是，整体而言，人力资本对居民收入差距的影响不大，不是影响我国居民收入差距的主要因素。

从实证结果看，制度因素对居民收入差距的影响非常显著。我们分别用国有企业职工人数占总职工人数比重和工资总额占

GDP 比重来衡量所有制和分配制度的变化。结果显示，就居民总体收入差距而言，国有企业职工人数占总职工人数比重、工资总额占 GDP 比重对收入基尼系数的弹性分别达到了 −0.243 和 −0.259。就居民结构性收入差距而言，工资总额占 GDP 比重对城乡收入比、地区收入泰尔指数、行业收入泰尔指数的弹性分别达到了−0.1509、−0.4161、−1.13084 作用十分明显。而国有职工人数占总职工人数比重对城乡收入比、地区收入泰尔指数、行业收入泰尔指数的弹性则分别为−0.2716、−0.0004、−1.3102。这个结果充分显示，分配制度和所有制是影响我国居民收入差距的主要原因。

2. 人力资本对我国居民收入差距扩大具有显著的存量效应，且处于倒 U 型曲线的左边

尽管人力资本不是影响居民收入差距的主要原因，但仍然是一个比较重要的因素。人力资本对居民收入差距具有比较显著的存量效应，即随着人力资本存量的增加，居民收入差距会随之出现扩张效应、平等化效应、缩减效应和错位效应，它们共同作用形成总的存量效应。实证结果表明：人均人力资本存量对收入基尼系数的弹性为 0.0747，人均人力资本存量对我国居民城乡收入比、地区收入泰尔指数、行业收入泰尔指数的弹性分别达到了 0.0723、0.12868、0.2252。人力资本存量无论对居民总体收入差距还是结构性收入差距的弹性均为正，表明目前我国人力资本存量对居民收入差距起着正向的拉大作用，说明我国目前正处于倒 U 型曲线的左边，扩张效应大于平等化效应，缩减效应很小。

3. 人力资本对我国居民收入差距扩大具有显著的结构效应，且人力资本平等化与居民收入差距负相关

人力资本投资包括教育、卫生、迁移、科研、培训等方式，人力资本的分布结构我们用教育人力资本基尼系数和卫生人力资本基尼系数表示，实证结果显示：教育人力资本基尼系数对收入基尼系数的弹性达到了－0.291，对我国居民城乡收入比、地区收入泰尔指数、行业收入泰尔指数的弹性分别达到了－0.2941、－0.5599、－0.7474；卫生基尼系数对收入基尼系数的弹性为－0.102，对我国居民城乡收入比、地区收入泰尔指数、行业收入泰尔指数的弹性分别达到了－0.0158、－0.0913、－1.0578。从实证结果可以看出：一方面，人力资本对我国居民收入差距具有显著的分布结构效应，即人力资本的分布结构对居民收入分布结构影响比较显著，人力资本基尼系数和卫生基尼系数二者均对居民总体收入差距具有较强的弹性。另一方面，人力资本对我国居民收入差距的投资结构效应也比较明显，教育和卫生首先发挥了相互促进的互补效应，表现在教育基尼系数和卫生基尼系数几乎同步下降，1987—2007 年我国教育人力资本基尼系数由 0.3068 下降为 0.2192，下降了 28.56％；1983—2007 年我国居民卫生人力资本基尼系数由 0.146107 下降到 0.10492，降幅为 28.2％。在二者的共同作用下，教育基尼系数和卫生基尼系数对居民总体收入差距的弹性均达到－0.291 和－0.102 的高水平。同时，教育人力资本和卫生人力资本还在不同区域发挥着相互替代的效应，表现在城乡之间和地区之间由于卫生人力资本比较平均，所以卫生对城乡收入差距和地区收入差距影响较小,弹性只有－0.0158和－0.0913;此时,教育发挥了替代卫生的作用,对城乡之间和地区之间居民收入差距产生较大影响,弹性达到－0.2941和－0.5599的高水平。

同时,我们的研究发现:我国教育人力资本基尼系数、卫生人力资本基尼系数与收入基尼系数呈现明显的负相关关系,即随着教育和卫生平等化程度的提高,居民收入差距不是缩小了,而是扩大了。不仅居民总体收入差距呈现这种结果,居民结构性收入差距也是如此。这主要是由于我国人力资本的平等化是低水平的平等化,是依托低水平人力资本扩张带来的平等化,平等化使更多居民获得了人力资本,提高了人力资本存量,但由于我国整体上处于人力资本存量较低的水平,还处于倒U型曲线的左边,不同层次人力资本的收益差异较大,居民人力资本存量增加拉大了居民间收入差距。

4. 教育平等是影响居民收入差距的重要因素

教育是人力资本的主要投资方式,教育人力资本是人力资本的主要组成部分。实证研究表明:教育人力资本基尼系数对收入基尼系数的弹性达到了－0.291,对行业收入泰尔指数的弹性达到－0.7474,对城乡收入比的弹性达到－0.2941,对地区收入基尼系数的弹性达到－0.5599。这个结果与其他学者的研究相吻合,表明教育平等化无论对居民总体收入差距还是对结构性收入差距影响都比较大。

5. 卫生平等对居民总体收入差距影响较强，但对居民结构性收入差距的影响复杂

卫生是人力资本投资的一种重要方式，卫生人力资本（健康人力资本）也是人力资本中最为基础性的人力资本，卫生人力资本存量占人力资本总存量的比重接近40%。实证研究表明：卫生人力资本基尼系数对收入基尼系数的弹性为－0.102，这意味着卫生人力资本基尼系数每降低一个百分点，将会导致收入基尼系数上升0.102个百分点。这说明卫生平等化对居民总体收入差距影响较大，是影响居民收入差距的一个重要因素。这一结论弥补了学术界过去将人力资本集中于教育忽视卫生的缺陷，我们应该重视这一结论。但是，卫生人力资本对居民结构性收入差距的影响比较复杂。实证结果显示：卫生人力资本基尼系数对城乡收入比和地区收入泰尔指数的弹性仅为－0.0158和－0.0913，但是对行业收入泰尔指数的弹性却高达－1.0578。

6. 改革初次分配制度，提高初次分配中的人力资本收入是解决居民收入差距的重要途径

人力资本是居民获取收入的基础，从收入来源看，工薪性收入对我国农村居民总收入差异的贡献长期维持在60%—80%，而工薪收入对城镇居民总收入差异贡献度维持在70%左右。我们通过计量模型的实证研究表明，工资总额占GDP比重对居民收入基尼系数的弹性高达－0.259。这个结果验证了我们从收入来源角度对居民收入差异的分解结果，说明工资对居民收入差距的巨大影响。但是，同样的计量分析却显示，居民人均人力资本存量对居民收入基尼系数的弹性仅仅为0.0747。既然,人力资本是居民收入的基础,如果说工薪收入和经营性收入两者均属于人力资本收入的话,在工薪收入基础上再加上经营性收入而获得的人力资本收入的变化就应该对居民收入差距起决定性作用。那么,为什么弹性如此之小呢?我们认为,在我国人力资本存量并不等于人力资本收入,由人力资本转化为人力资本收入受到诸多因素的影响。目前工薪收入并不主要由人力资本收入构成,非人力资本因素在工资决定中发挥着更大的作用。也就是说,初次分配中人力资本的作用不大,非人力资本因素决定了收入分配。因此,我们应该推动初次分配制度的改革,提高初次分配中人力资本收入的比重。

7. 推进所有制改革,扩大公有制企业比重是降低我国居民收入差距特别是行业收入差距的重要途径

目前,以公有制为主体,多种所有制共同发展的所有制结构是我国初级阶段的基本经济制度。由于所有制的差别,不同所有制企业的内部分配制度不同。一般而言,国有企业实行按劳分配制度的居多,非公有制企业一般实行按要素分配制度。虽然,按劳分配也会拉大居民收入差距,但与按要素分配相比,其对居民收入差距拉大的作用要小得多。实证研究显示:国有企业职工人数占总职工人数比重对收入基尼系数的弹性为-0.243,国有职工人数占总职工人数比重对城乡收入比、地区收入泰尔指数、行业收入泰尔指数的弹性则分别为-0.2716、-0.0004、-1.3102。这一结果表明,国有企业比重无论对于缩小居民总体收入差距,还是缩小结构性收入差距均有较大的影响,尤其是对缩小行业收入差距作用更为显著。这个结论驳斥了国有经济战略性调整造成了国有垄断、国有垄断拉大了行业收入差距的流行性观点。

8.2 相关政策建议

根据以上结论，我们提出以下政策建议。

1. 加大人力资本投资力度，提高人力资本存量

改革开放以来，我国人力资本存量快速增长，2007 年是 1978 年的 27.3 倍，年均增长 12.08%；与物质资本存量的比例由 1978 年的 1∶4.31 降低到 2005 年的 1∶3.12；人力资本产出比由 1978 年的 1∶2.37 提高到 2007 年的 1∶5.99，翻了一番。然而，我国人力资本存量仍然偏低，还不能够满足经济发展的需要，还处于人力资本存量与居民收入倒 U 型曲线的左边。因此，我们必须进一步加大人力资本投资，促进人力资本存量快速增长。从我国人力资本存量结构和投资流量结构看，我国目前对人力资本的投资主要集中于教育和卫生，二者占到存量结构和流量结构的三分之二以上，培训、科研和迁移投资比重和存量均比较小。这种结构决定我们应加大人力资本投资。

首先，要进一步加大对教育的投资。要按照《国家中长期教育改革和发展规划纲要(2010—2020 年)》的要求，逐步提高国家财政性教育经费支出占 GDP 比例，到 2012 年达到 4%。同时，要创新体制，完善机制，逐步改变我国教育人力资本投资主要依赖政府的局面，吸引和鼓励社会各界投资教育。

其次，要加大卫生投资。目前我国卫生总费用占GDP的比重仅为4.52%，没有达到世界卫生组织关于2000年中国卫生总费用占GDP的比重达到5%的要求，也没有达到中共中央、国务院在全国卫生大会上的承诺。特别是，政府卫生支出占卫生总费用的比重持续下降，由1982年的38.86%下降到2000年的15.47%，之后虽逐步提高，但2007年仍仅为20.35%。相反，居民个人的卫生支出占卫生总费用的比重却由1978年的20.4%快速上升到2001年的60%，后来虽逐步下降，2006年仍高达49.3%。由此可见，我国加大卫生投资主要是加大政府对卫生的投入，保证这一公共服务的公益性。

第三，要加大科研的投入力度。我国要建立创新型国家，要拥有自主知识产权，必须拥有强大的科技实力。尽管近年来我国对科研的投入实现了快速增长，2007年科研投入占GDP的比重为1.49%，2008年为1.52%。这一比重虽已是历史新高，但世界平均水平是1.6%，发达国家则在2%以上，我们与发达国家以及建设创新型国家的要求还有较大的差距。我们应该进一步加大投入，提高研发投入占GDP的比重，提高政府的研发投入占全社会的研发投入的比重。

第四，要加大培训力度。在我国人力资本存量结构中，培训人力资本投资数量最少，比重也更低。虽然这可能与我们的测算方法有关，但我国不够重视员工的在职培训也是事实。事实上，员工在职培训对员工劳动生产率的提高最为直接，培训投资效益也最高。我们应该建立系统的员工培训制度，不仅仅进行岗前培训，更重要的是要开展职工技能培训、在职培训，不断更新员工知识，提高员工技能。国家应该强制规定企业培训经费占员工工资总额的比重，并逐步提高。

2. 调整教育投资结构，切实提高教育公平的质量

教育对我国居民收入差距影响最大，教育人力资本存量占总人力资本存量的比重高达45%。教育不仅通过人力资本存量对居民总体收入差距和结构性收入差距发挥作用，还通过其分布状况对居民总体收入差距和结构性收入差距产生较大的影响。因此，解决我国居民收入差距扩大问题，必须关注教育的发展。一方面我们要加大教育投资，提升我国人力资本存量水平，尽快扭转教育与居民收入差距负相关的状况。这一点，我们在前文关于加大人力资本投资力度的分析已详述，在此不再赘述。另一方面，也是更重要的，是要调整教育投资结构。正如在前文的分析所言，改革开放以来，我国教育公平得到大大改善，教育基尼系数持续下降。但我们应该清醒地认识到这种公平是一种低水平的公平，是我们大力推进九年义务教育的结果。我国的平均受教育年限仅仅8年左右，我国在职职工中72%仍然仅仅接受过小学和初中教育，接受过高中以上教育的职工刚刚达到20%，这与我国工业化的要求相差甚远。也正是这种教育结构使我国只能成为“世界代工厂”而成不了真正的“世界工厂”。如果我们仍然坚持将教育投资重点放在普及九年义务教育的政策，一方面，随着人口结构的变化，接受义务教育的人口数量将逐步下降，造成义务教育阶段教育资源的过剩，将会降低投资效率。1998年我国普通小学在校生人数达到了最高值1.39亿人，其后一路下降，到2008年已经降至1.03亿人。初中在校生人数在2004年也达到了峰值6475万人，其后快速下降，2008年降为5574.2万人。综合各年人口出生情况，我国需要接受义务教育的人数，在未来还将下降，客观上要求教育资源进一步优化配置。另一方面，现有教育政策难以满足我国工业化对人才的需求，也难以满足我国建设创新型国家与人力资本强国的要求。因此，我们必须及时调整教育投资政策，切实提高教育公平的质量。

首先，要改变过去一村一校的普及义务教育做法，在人口相对集中的村镇集中教育资源，建设高水平的小学、初中教育学校。

其次，要逐步普及高中教育，实现十二年义务教育。高中阶段教育是学生个性形成、自主发展的关键时期，高中阶段课程对于学生进一步的深造和学习各种实用技能具有重要的作用。然而，高中阶段教育不属于义务教育，有相当一部分农村学生不愿意进入高中学习。同时，由于我国高中学校数量过少、招生规模不足，还有许多初中毕业生难以进入高中读书，2009年我国高中阶段毛入学率不足80%。因此，我们应该扩大对高中阶段教育的投资，扩大高中招生规模，满足初中毕业生接受高中阶段教育需求，并逐步推行十二年义务教育制度。

第三，大力发展职业教育。我国目前处于工业化中期，2020年我国要基本完成工业化，要求我们必须培养出一批专业技能人才。职业教育无疑是专业技能人才培养的主渠道。因此，我们要加大职业教育的发展力度，逐步实行中等职业教育免费制度，鼓励和吸引初中毕业生接受中等职业教育，为高中毕业生提供学习专业技能的渠道和机会，形成适应经济发展方式转变和产业结构调整要求、体现终身教育理念、中等和高等职业教育协调发展的现代职业教育体系，满足人民群众接受职业教育的需求，满足经济社会对高素质劳动者和技能型人才的需要。

第四，加大对高等教育的投资。高等教育承担着培养高级专门人才、发展科学技术文化、促进社会主义现代化建设的重大任务。但由于我国高校数量有限，造成了“千军万马过独木桥”的局面，我国目前的高等教育毛入学率只有 23.3%，距离我国建设创新型国家的要求差距很大。因此，我们要进一步扩大高等教育规模，提高高等教育入学率，提高高等教育质量和人才培养质量，为社会培养更多高层次人才。

3. 找准卫生投入重点，提高卫生医疗水平

卫生人力资本是人力资本的一个重要组成部分，本书的研究发现卫生对居民总体收入差距有比较大的影响，但对居民结构性收入差距的影响差别较大。这可能与我们测算卫生基尼系数的方法有关。因为我们采用的是将全国 31 个省的人均床位数和对应的人口计算的基尼系数。这种方法模糊了城乡差别，所以基尼系数对城乡收入差距影响小；而地区收入泰尔指数是根据 31 个省计算的，所以影响要大一些；至于卫生基尼系数对行业收入差距影响非常强烈，我们还难以作出更合理的解释。卫生人力资本无论存量还是分布结构均对居民收入差距有较大影响。正如我们在前文分析中所言，目前我国卫生人力资本分布在省域层面比较平均，但是这种平均是一种低水平的平均。2007 年我国人均床位数最高的上海，每千人拥有床位数为 5.2，而每千人拥有床位数最低的贵

州,仅为 2.1。世界高收入国家每千人床位数为 6.2,日本每千人床位数为 14.3,韩国为 7.1,法国为 7.5,德国为 8.4,俄罗斯为 9.7,与之相比,我们还有很大的差距。我们应该加大卫生投资,提高我国卫生整体水平。

在此,我们要注意的是:我们促进卫生公平的过程中往往采用向欠发达地区倾斜的投资方式,根据人口状况安排卫生投资,这种做法对于保障城乡居民卫生服务均等化具有重要的意义,但是,我们要注意人口的变化。我们往往以户籍人口为安排投资的主要依据。事实上,流动人口的存在直接影响了卫生投资的效果,造成卫生资源过剩与不足并存。据统计,我国目前流动人口规模在 2 亿以上,这些人员的户籍虽在原居住地,但是在沿海、沿江、新兴都市圈、中心城市生活工作。对这部分人员的忽视,造成了严重的卫生资源配置失衡。一方面是城市里的大医院患者蜂拥而至,医院不堪重负;另一方面是乡镇卫生院病房空置,患者稀少,医院难以为继。因此,需要按照户籍人口加流动人口的总人口来安排卫生投资。

4. 改革初次分配制度,提高人力资本收入比重

初次分配制度对我国居民收入差距的影响极大,工资总额在初次分配中的比重过低已经成为目前我国收入分配的焦点。我们必须大力推动初次分配制度改革,实现公平与效率的统一。然而,初次分配主要在企业内部自主进行,我们不能够直接干预企业的分配制度。这就要求我们创新思维,发挥政府调控职责,引导企业改革分配制度。

首先，推动工资制度改革，实施工资与员工人力资本存量挂钩的制度，提高员工人力资本收入。如前文所述，我国存在员工工资与人力资本存量不一致、人力资本收入在工资中比重过低、大量人力资本转化不成现实收入的现象，这一方面说明我国的工资制度存在问题，另一方面说明我国粗放式经济增长方式下企业的技术水平低，对人力资本层次要求不高。从中长期来看，我们要通过经济发展方式转变，调整产业结构，增加产品附加值，增强自主创新能力，切实扩大对人力资本的需求。就短期而言，我们可以推动工资制度改革，使工资与员工人力资本存量挂钩，提高人力资本收入在员工工资中的比重。

其次，确定薪酬指导线，建立员工薪酬与企业利润同比例增长的制度。发挥政府对工资的宏观调控职能，建立员工薪酬总额与企业利润同比例增长制度，出台企业薪酬指导线，引导企业提高员工工资收入。薪酬指导线可以分为下线、上线和基准线，经济效益好的企业执行上线，经济效益一般的执行基准线，经济效益差的执行下线。为防止垄断企业借收入分配制度改革变相提高工资，要求垄断性企业执行下线，确因经营困难难以提高工资收入的企业须经过民主协商程序批准执行较低的指导线，但工资水平也不得低于当地最低工资标准。

第三，定期提高最低工资标准，建立最低工资标准与物价指数、经济增长速度挂钩制度。根据全国总工会 2009 年年底的调查，与当地最低工资标准相比，职工月工资低于当地最低工资标准的占 4.8%，高出当地最低工资标准 50 元以下的占 10.9%，高出 50 元至 100 元的占 12.5%，三者合计占 28.2%。考虑到超时劳动的普遍存在以及部分地区最低工资标准并非纯粹的“工资”，实际上有近 1/3 的职工工资徘徊在最低工资标准附近。因此，提高最低工资标准对于提高居民工资收入具有重要影响。最低工资标准的制定应该与当地经济增长速度挂钩，增长速度不应低于经济增长速度；最低工资标准要与物价指数挂钩，应该扣除物价上涨因素；最低工资标准要与职工收入增长挂钩，应该相当于当地职工平均工资的 40％—60％。

第四，以企业核心员工为代表，推动工资集体协商制度的实施。工资集体协商制度是我国目前大力推行的旨在提高职工工资收入的一项制度，主要是发挥工会的作用，由企业主与工会、职工共同协商确定工资标准。这一制度的实施很大程度上取决于工会的力量。然而，我国工会发展并不尽如人意，许多非公有制企业没有建立工会，如果仅仅依靠民主推荐的职工代表参与工资协商，一方面会因为职工代表能力难以捍卫员工利益，另一方面没有制度作为依托协商效果很难保障。我们认为，可以让员工中的中层管理人员或技术骨干作为代表参加协商。第一，他们长期在管理岗位上熟悉企业制度，能够更好地保障员工利益；第二，他们能力较强，在企业主和员工中能够得到认可；第三，在工作中他们本身就是员工和企业主之间的联系桥梁，比较容易沟通二者的意见，能够防止谈判陷入僵局，影响企业正常的经营活动。

5. 推进所有制改革，强化国有企业的主体地位

企业的分配制度是其所有制的直接体现，公有制企业普遍实行的按劳分配制度虽然也会带来收入差距，但这种差距是员工能

力差异的表现，是合理的，也是企业发展所必需的。非公有制企业实行按要素分配制度，要素占有的差异直接转化为收入差距，造成社会贫富差距过大。

党的十五大提出要进行国有经济的战略性调整，要求国有经济主要控制国民经济命脉，对经济发展起主导作用；要求国有经济起主导作用，主要体现在控制力上；国有经济要逐步从竞争性领域退出。十几年来，这一改革取得了较好的效果。在一般竞争性行业，国有经济的比重下降较大；在涉及国家安全的行业、自然垄断行业和提供重要公共产品和服务的行业中，国有经济都占有绝大部分的份额；在支柱产业和高新技术产业中，国家也控制了大部分骨干企业；中央企业 80%以上的资产集中在石油石化、电力、国防、通信、运输、矿业、冶金、机械工业等行业和领域，国有经济的主导作用得到了强化，控制力得到加强。然而，在这个过程中，国有经济的整体比重下降了。国家统计局统计显示，2005 年至 2009 年我国规模以上工业企业中，国有及国有控股企业的单位数量、总产值、资产总额、利润总额和从业人数占全部规模以上企业的比重分别下降了 5.4、6.6、4.4、17.1 和 6.8 个百分点。我们的计算也表明，1996—2007 年国有单位职工人数占职工总人数的比重下降了 19.5 个百分点。这种比重下降也造成了居民收入差距的扩大。我们的研究表明：国有企业的比重对居民收入差距的弹性很高。因此，推进所有制改革，提高国有企业比重对于解决我国居民收入差距扩大具有重要作用。

首先，我们要树立科学的改革观。国有经济战略性调整的目的在于增强国有经济的控制力，国有经济从部分竞争性领域退出本身不是目的。我们要根据企业的经营状况和要求进行改革，不能够"一刀切"，更不能将降低国有经济比重作为一种政绩。

其次，我们要毫不动摇地巩固公有制的主体地位。公有制为主体是我国社会主义性质的具体体现，必须巩固。公有制为主体主要体现在公有资产要占主体和国有经济的控制力两个方面，要防止强调国有经济控制力替代公有制主体地位现象的发生。

第三，鼓励具有实力的国有企业进入竞争性领域。目前国有企业越来越向国家控制领域集中，竞争性领域的国有企业越来越少，仍然停留在竞争性领域的国有企业多数也只是由于债务等原因难以改制退出。我们应该鼓励和吸引国家控制领域的国有企业进入竞争性领域，参与竞争性领域企业的重组兼并和改制。在每个竞争性行业保留几个大型的国有企业，维护行业秩序。

第四，鼓励非公有制经济进入部分国家控制的领域。国有经济控制国民经济命脉不是要通过国有垄断来实现的，而是要加强国有企业之间的竞争，在一些领域要对非公有制经济开放。根据国家新出台的《国务院关于鼓励和引导民间投资健康发展的若干意见》，吸引和鼓励非公有制经济投资基础产业和基础设施领域、市政公用事业和政策性住房建设领域、社会事业领域、金融服务领域、商贸流通领域、国防科技工业领域，参与国有企业改革与重组等，打破国有垄断，增强这些领域的竞争，提高效率。

参考文献

著作类

1. 洪兴建:《基尼系数理论研究》,经济科学出版社 2008 年版。

2. 侯风云:《人力资本投资与城乡就业相关性研究》,上海三联书店、上海人民出版社 2007 年版。

3. 赖德胜:《教育与收入分配》,北京师范大学出版社 2000 年版。

4. 李实、李文彬:"中国居民教育投资的个人收益率的估计",载赵仁伟等:《中国居民收入分配研究》,中国社会科学出版社 1994 年版。

5. 李实、罗楚亮:"收入差距与社会公平",载迟福林主编:《2007' 中国改革评估报告》,中国经济出版社 2007 年版。

6. 厉以宁:"人力资本理论的产生和发展",载《国外经济学评介》,上海人民出版社 1982 年版。

7. 李忠民:《人力资本:一个理论框架及其对中国一些问题的解释》,西北大学博士论文,1998 年。

8. 沈利生:《人力资本与经济增长分析》,社会科学文献出版社 1999 年版。

9. 谭永生:《人力资本与经济增长》,中国财政经济出版社 2007 年版。

10. 王小鲁、樊纲:《中国市场化指数——各地区市场化相对进程 2004 年度报告》,经济科学出版社。

11. 王亚楠:《资产阶级古典政治经济学选辑》,商务印书馆 1979 年版。

12. 于宗先:《经济学百科全书》,台湾联经出版事业公司 1986 年版。

13. 杨金风:《人力资本对非农就业及其收入的影响》,中国财政经济出版社 2008 年版。

14. 张藕香:《人力资本不均等与我国地区收入差距》,经济科学出版社 2009 年版。

15. 张文贤:《人力资本》,四川大学出版社 2008 年版。

16. 张凤林:《人力资本理论及其应用研究》,商务印书馆 2006 年版。

17. 朱国宏:《人口质量的经济分析》,上海三联书店 1994 年版。
18. 周景彤:《收入不均等对人力资本的影响研究》,经济科学出版社 2009 年版。
19. 〔美〕巴泽尔:《产权的经济分析》,费方域、段毅才译,上海三联书店、上海人民出版社 1997 年版。
20. 〔美〕贝克尔:《人力资本》,梁小民译,北京大学出版社 1987 年版。
21. 〔德〕马克思:《资本论》第 1 卷,人民出版社 1975 年版。
22. 〔美〕舒尔茨:《论人力资本投资》,吴珠华等译,北京经济学院出版社 1990 年版。
23. 〔英〕亚当・斯密:《国民财富的性质和原因的研究》,郭大力、王亚楠译,商务印书馆 1972 年版。
24. 〔美〕雅各布・明塞尔:《人力资本研究》,张凤林译,中国经济出版社 2001 年版。

论文类

1. 林燕平:"关于基尼系数局限性的几点探讨",载《数量经济技术经济研究》2001 年第 6 期。
2. 顾海兵:"基尼系数批判",载《经济理论与经济管理》2002 年第 3 期。
3. 黄仁伟、权衡:"基尼系数的局限性及其补充:中国经验",载《学术月刊》2006 年第 5 期。
4. 蔡昉、杨涛:"城乡收入差距的政治经济学",载《中国社会科学》2000 年第 4 期。
5. 林光彬:"等级制度、市场经济与城乡收入差距扩大",载《管理世界》2004 年第 4 期。
6. 陆铭、陈钊:"城市化、城市倾向的经济政策与城乡收入差距",载《经济研究》2004 年第 6 期。
7. 田新民、王少国、杨永恒:"城乡收入差距变动及其对经济效率的影响",载《经济研究》2009 年第 7 期。
8. 诸建芳、王伯庆、恩斯特・使君多福:"中国人力资本投资的个人收益率研究",载《经济研究》1995 年第 12 期。
9. 赖德胜:"教育扩展与收入分配",载《经济研究》1997 年第 10 期。

10. 张车伟:“营养、健康与效率——来自中国贫困农村的证据”,载《经济研究》2003 年第 1 期。
11. 魏众:“健康对非农就业及其工资决定的影响”,载《经济研究》2004 年第 2 期。
12. 白雪梅:“教育与收入不平等:中国的经验研究”,载《管理世界》2004 年第 6 期。
13. 杨建芳、龚六堂、张庆华:“人力资本形成及其对经济增长的影响——一个包含教育和健康投入的内生增长模型及其检验”,载《管理世界》2006 年第 5 期。
14. 邹薇、周浩:“中国省际增长差异的源泉的测算与分析(1978—2002)——基于‘反事实’收入法的经验研究”,载《管理世界》2007 年第 7 期。
15. 于德弘、陆根书:“论我国高等教育扩展对收入分配公平的影响”,载《教育与经济》2001 年第 1 期。
16. 周文兴:“中国城镇居民收入分配与经济增长关系实证分析”,载《经济科学》2002 年第 1 期。
17. 王小鲁、樊纲:“中国收入差距的走势和影响因素分析”,载《经济研究》2005 年第 10 期。
18. 王弟海、龚六堂、李宏毅:“健康人力资本、健康投资和经济增长——以中国跨省数据为例”,载《管理世界》2008 年第 3 期。
19. 高梦滔、姚洋:“健康风险冲击对农户收入的影响”,载《经济研究》2005 年第 12 期。
20. 赵忠、侯振刚:“我国城镇居民的健康需求与 Grossman 模型——来自截面数据的证据”,载《经济研究》2005 年第 10 期。
21. 张婵娜:“中国居民收入分配差距评价综述”,载《当代经济》2008 年第 9 期。
22. 赖德胜:“教育、劳动力市场与收入分配”,载《经济研究》1998 年第 5 期。
23. 李实、丁赛:“中国城镇教育收益率的长期变动趋势”,载《中国社会科学》2003 年第 6 期。
24. 段钢:“人力资本理论综述”,载《中国人才》2003 年第 5 期。
25. 钱雪亚、王秋实、刘辉:“中国人力资本水平再估算”,载《统计研究》2008 年第 12 期。
26. 顾颖、岳永、房路生:“中小企业发展与行业收入差距——基于政治经济学视角的实证分析”，载《管理世界》2007 年第 1 期。
27. 彭国华：“中国地区收入差距、全要素生产率及其收敛分析”，载《经济研究》2005 年第 9 期。
28. 林毅夫、刘培林：“中国的经济发展战略与地区收入差距”，载《经济研究》2003 年第 3 期。
29. 张红宇：“城乡居民收入差距的平抑机制：工业化中期阶段的经济增长与政府行为选择”，载《管理世界》2004 年第 4 期。
30. 蔡昉、都阳：“中国区域经济增长的趋同与差异”，载《经济研究》2000 年第 10 期。
31. 温娇秀：“我国不同类型公共福利支出对收入差距影响的实证研究”，载《上海财经大学学报》2007 年第 2 期。
32. 杨俊、黄潇、李晓羽：“教育不平等与收入分配差距：中国的实证研究”，载《管理世界》2008 年第 1 期。
33. 孔祥印：“试论人力资本与经济增长”，载《经济师》2000 年第 3 期。
34. 张军、章元：“对中国资本存量 K 的再估计”，载《经济研究》2003 年第 7 期。
35. “美国各族裔职业女性收入各异”，载《华尔街日报》2007 年 8 月 20 日。
36. 李实、魏众：“中国经济转型中城镇劳动力市场分割问题——不同部门职工工资收入差距的分析”，载《管理世界》2009 年第 3 期。
37. 姚继军：“中国教育平等状况的演变——基于教育基尼系数的估算(1949—2006)”，载《教育科学》2009 年第 1 期。
38. 王培刚、周长城：“当前中国居民收入差距扩大的实证分析与动态研究——基于多元线性回归模型的阐释”，载《管理世界》2005 年第 11 期。
39. 朱玲：“投资于贫困人口的健康和教育应对加入世贸组织后的就业形势”，载《中国农村经济》2002 年第 1 期。

外文文献

1. Adelman, I. and C. T. Morris, *Economic Growth and Social Equity in Developing Countries*, California: Stanford University Press, 1973.
2. Ahluwalia, M., "Inequality, Poverty and Development", *Journal of Development Economics*, Vol. 3, 1976, pp. 307-342.

3. Ahluwalia, M. , "Income Inequality, Some Dimensions of the Problem", in Chenery, H. et al. , *Redistribution with Growth*, New York: Oxford University Press, 1974, pp. 3-37.

4. Ahluwalia M. , "Income Distribution and Development: Some Stylized Facts", *American Economic Review*, Vol. 66, 1976, pp. 28-135.

5. Amparo Castelló. and Rafael Doménech, "Human Capital Inequality and Economic Growth: Some New Evidence", *The Economic Journal*, Vol. 112, 2002, pp. 187-200.

6. Arrow, K. J. , "Uncertainy and the Welfare Economics of Medical Care", *American Economy Review*, Vol. 53, 1963, pp. 941-973.

7. Barro, R. J. and X. Sala-i-Martin, *Economic Growth*, Cambridge, Massachusetts: MIT Press, 1999.

8. Barro, R. J. , "Health and Economic Growth", paper presented at the Senior Policy Seminar on Health, Human Capital and Economic Growth: Theory, Evidence and Policies, Pan American Health Organization and Inter-American Development Bank, Washington, D. C. , 1996.

9. Barro, R. J. , *Determinants of Economic Growth: A Cross-Country Empirical Study*, Vol. 1, Cambridge, M. A. : MIT Press, 1997.

10. Becker, G. S. and Tomers, "An Equilibrium Theory of Distribution of Income and Intergenerational Mobility", *Journal of Political Economy*, Vol. 87, 1979, pp. 1153-1189.

11. Becker, G. S. and B. R. Chiswick, "Education and the Distribution of Earnings", *American Economic Reciew*, Vol. S6, 1966, pp. 358-369.

12. Becker, G. S. , *Human Capital*, 2nd ed. , Chicago: Chicago University Press, 1975.

13. Birdshall, N. and J. Londono, "No tradeoff: Efficient Growth via More Equal Human Capital Accumulation", in Graham, Carol, Nancy Birdshall and Richard Sabot, eds. , *Beyond Tradeoffs: Market Reform and Equitable Growth in Latin America*, Washington, D. C. : Brookings Institution Press in Association with the Inter-American Development Bank, 1998.

14. Bloom, D. D. , Canning, J. Sevilla. , "Health, Human Capital, and

Economic Growth". *CMH Working*, 2001.

15. Bloom, D. E. and D. Canning, "The Health and Wealth of Nations", *Science*, Vol. 287, 2000, pp. 1207-1209.
16. Bloom, D. E. et al., "The Demographic Dividend: A New Perspective on the Economic Consequences of Population Change", *RAND*, 2002.
17. Carnoy, M. et al., *Can Educational Equalize Income Distribution?*, Westmead, England: Saxon House for the International Labor Organization, 1979.
18. Chenery, H. B. and M. Syrquin, *Patterns of Development, 1950—1970*, New York: Oxford University Press, 1975.
19. Chiswick, B. R., "The Size Distribution of Income: An International Comparison", *Review and Income and Wealth*, Vol. 23, 1971, pp. 291-308.
20. Winegarden, C. R., "Schooling and Income Distribution: Evidence from International Data", *Economics*, Vol. 46, 1979, pp. 83-87.
21. Cutler, D. M. and A. Lleras-Muney, "Education and Health: Evaluating Theories and Evidence", NBER Working Paper, Vol. 123, 2006.
22. Dasgupta, P. S. and G. Heal, *Economic Theory and Ex-haustible Resources*, Cambridge: Cambridge University Press, 1979.
23. Deolalikar, A. B., "Nutrition and Labor Productivity in Agriculture: Estimates for Rural South India", *The Review of Economics and Statistics*, Vol. 70, 1988, pp. 406-413.
24. Donal O'Neill, "Education and Income Growth: Implications for Cross-Country Inequality", *The Journal of Political Economy*, Vol. 103, 1995, pp. 1289-1301.
25. Fishlow, A., "Brazilian Size Distribution of Income", *American Economic Review*, Vol. 62, 1972, pp. 391-402.
26. Fogel, Robert W., "Economic Growth, Population Theory and Physiology, The Bearing of Long-term Processes on the Making of Economic Policy", *American Economic Review*, Vol. 84, 1994, pp. 369-395.

27. Fogel,Robert W.,"The Relevance of Malthus for the Study of Mortality Today: Long-run Influences on Health, Mortality, Labor Force Participation, and Population Growth", NBER Working paper, Vol. 54,1994.

28. Fogel, Robert W., "Nutrition, Physiological Capital and Economic Growth", paper presented at the Senior Policy Seminar on Health, Human Capital and Economic Growth: Theory, Evidence and Polices, Pan American Health Organization and Inter-American Development Bank, Washingdon, D. C., 2002.

29. Gregorio, J. D., J. W. Lee. and J. Lee, "Education and Income Inequality: New Evidence from Cross-Country Data", *Review of Income and Wealth*, Vol. 48, 2002, pp. 395-416.

30. Grossman, M., "On the Concept of Health Capital and the Demand for Health", *Journal of Political Economy*, Vol. 80,1972,pp. 205-233.

31. Haddad, L. J. and H. E. Bouis, "The Impact of Nutritional Status on Agricultural Productivity: Wage Evidence from the Philippines", *Oxford Bulletin of Economics and Statistics*, Department of Economics, University of Oxford, Vol. 53, 1991, pp. 45-68.

32. *Human Development Report*-2007/2008-*Gini Index*,http://hdrstats. undp. org/indicators/147. html.

33. Fisher, I.,*The Nature of Capital and Income*, New York,Macmillan, 1906.

34. IDB, *Facing up to Inequality in Latin America*, Washington, D. C., 1998.

35. Jamson, D. T. and J. Leslie, "Health and Nutrition Consideration in Education Planning: The Cost and Effectiveness of School-based Interventions",*Food Nutrition Bulletin*, Vol. 12, 1990.

36. Jencks,christopher and Jencka et al., *Inequality: A Reassessment of the Effect of Family and Schooling in American*, New York: Basic Books, 1972.

37. Walsh,J. R., "Capital Concept Applied to Man", *Quarterly Journal of Economics*, Vol. 49(2),1935,pp. 255-285.

38. Kiminori Matsuyama, "Endogenous Inequality", *Review of Economic Studies*, Vol. 67, 2000, pp. 743-759.

39. Knight, J. B. and R. H. Sabot, "Educational Expansion and the Kuznets Effect", *American Economic Review*, Vol. 73, 1983, pp. 1132-1136.

40. Kuznets, S., "Economic Growth and Income Inequality", *American Economic Review*, Vol. 45(1), 1995, pp. 1-28.

41. Langoni, C. G., "Income Distribution and Economic Development in Brazil", *Conjuntura Economica*, 1973.

42. Leipziger, D. M. and M. Lewis, "Social Indicators, Growth and Distribution", *World Development*, Vol. 8, 1980, pp. 299-302.

43. Marin, A. and G. Psacharopoulos, "Schooling and Income Distribution", *Review of Economics and Statistics*, Vol. 58, 1976, pp. 332-338.

44. Mazumder, B., "Earnings Mobility in the US: A New Look at Intergenerational Mobility", Federal Reserve Bank of ChicagoWorking, Vol. 18, 2001.

45. Mincer, J., *Schooling, Experience and Earning*, NewYork: Columbia University Press for the National Bureau of Economic Research, 1974.

46. Mincer, J., "Investment in Human Capital and Personal Income Distribution", *Journal of Political Economics*, Vol. 66, 1958, pp. 281-302.

47. Mincer, J., *A Study of Personal Income Distribution*, unpublished, PHD Dissertation, Columbia University, Vol, 17, 1957.

48. Grossman, M., "The Human Capital Model of The Demand for Health", NBER Working Paper, No. 7078, 1999.

49. Mushkin, S. J., "Health as an Investment", *Journal of Political Economy*, Vol. 70, 1962, pp. 129-157.

50. Muta, H., "Equalization Potential of Education in Income Distribution in Japan", Ria De Janerio: Sixth World Congress of Comparative Education (mimeo), 1987.

51. Muysken, J., I. H. Yetkiner and T. Ziesemer, "Health, Labour

Productivity and Growth", MERIT Research Memorandum, No. 99-030, University of Maastricht, 1999.

52. Galor, Oded, and Joseph Zeira, "Income Distribution and Macroeconomics", *Review of Economic Studies*, Vol. 60, 1993, pp. 35-52.

53. Park, K. H., "Educational Expansion and Educational Inequality on Income Distribution", *Economics of Educational Review*, Vol. 15, 1996, pp. 51-58.

54. Psacharopoulos, G., "Unequal Access to Education and Income Distribution", *De Economist*, Vol. 125, 1977, pp. 383-392.

55. Ram, R., "Population Increase, Economic Growth, Education Inequality and Income Distribution: Some Recent Evidence", *Journal of Development Economics*, Vol. 15, 1984, pp. 419-428.

56. Ram, R., "The Role of Real income Level and Income Distribution in Fulfillment of Basic Needs", *World Development*, Vol. 13, 1985, pp. 549-589.

57. Richards, P. and M. Leonor, *Education and Income distribution in Asia*, London: Croom Helm for the International Labor Organization, 1981.

58. Fogel, Robert W., "The Extension of Life in Developed Countries and Its Implications for Social Policy in the Twenty-First Century", *Population and Development Review, Supplement: Population and Economic Change in East Asia*, Vol. 26, 2000, pp. 291-317.

59. Ruger et al., "Health and Development", in M. Merson et al., eds., *International Public Health: Diseasise, Programes, Sisitems and policies*, Aspen, 2010.

60. Shorrocks, A. and Guanghua Wan, "Spatial Decomposition of Ineqality", *Journal of Economic Geography*, Vol. 5, 2005, pp. 59-81.

61. Sjaastad, L., "The Costs and Returns of Human Migration", *Journal of Political Economy*, Vol. 70, 1962, pp. 80-93.

62. Strauss, J. and D. Thomas, "Health, Nutrition and Economic Development", *Journal of Economic Literature*, Vol. 36, 1998, pp. 766-817.

63. Schultz Theodore. W., "The Value of the Ability to Deal With

Disequilibria", *Journal of Economic Literature*, Vol. 13, 1975, pp. 827-846.

64. Schultz, Theodore W., "Capital Formation by Education Capital Formation by Education", *The Journal of Political Economy*, Vol. 68, No. 6, 1960, pp. 571-583.
65. Schultz, Theodore W., "Investment in Human Capital", *American Economic Review*, Vol. 51, 1961, pp. 1-17 .
66. Thurow, L., *Generating Inequality*, New York: Basic Books, 1975.
67. Tilak, J. B., "Education in an Unequal World", in *Educational Planning: A Long Term Perspective*, New Delhi: Concept Publishers for National Institute of Educational Planning and Administration, 1986.
68. Tinbergen, J., "The Impact of Education on Income Distribution", *Review of Income and Wealth*, Vol. 19, 1972, pp. 255-265.
69. Winegarden, C. R., "Schooling and Income Distribution: Evidence from International Data", *Economica*, Vol. 46, 1979, pp. 83-87.
70. Wu, S., "The Effects of Health Events on the Economic Status of Married Couples", *Journal of Human Resources*, Vol. 38, 2003, pp. 219-230.
71. Zon, A. H. van and J. Muysken, "Health as a Principal Determinant of Economic Growth", MERIT-Infonomics Research Memorandum, 2003.
72. Zon, A. H. van and J. Muysken, "Health and Endogenous Growth", *Journal of Health Economics*, Vol. 20, 2001, pp. 169-185.